ヴィクトリア朝の
女性キャリア
Victorian female career

庭園家
ガートルード・ジーキル

川端 有子

玉川大学出版部

ヴィクトリア朝の女性キャリア

庭園家　ガートルード・ジーキル

はじめに

ガートルード・ジーキルという名前は、日本ではあまりなじみがない。だがバラの名前にくわしい人なら、この名前（ジェキルと記述されることもある）のバラを知っているかもしれない。一九八六年、イギリスの**デヴィッド・オースティン**がつくりだした明るいピンクの花をつける半つる性の品種で、春と秋に**ロゼット咲き**で花をつける。このバラはイギリスではじめての女性庭園家、ガートルード・ジーキルを記念して名付けられたものだ。古き良きイギリスの花や樹を愛した彼女に似つかわしく、**オールド・ローズ**系の花のかたちを受け継いだ香り高い花をたくさん咲かせる（図1）。

ガートルード・ジーキルは一八四三年ロンドンで生まれ、はじめは美術工芸家を目指すも視力の悪化のためその道をあきらめ、庭園を計画し、設計し、植物を植え、ととのえる総合的な庭園家を目指した女性である（図2）。彼女の手がけた庭園は、一九世紀後半から二〇世紀のはじめ、イギリス国内で四〇〇をこえ、アメリカにもつくられた。

庭というものの性質上、一〇〇年もたったいま、彼女がつくったままの姿

図1　「ガートルード・ジーキル」というバラ。半つる性でロゼット咲き、ピンクの花をつける

ガートルード・ジーキル
Gertrude Jekyll
一八四三―一九三二。

デヴィッド・オースティン
David Austin
一九二六―二〇一八。イギリスのバラ育成家。彼のつくりだしたバラは「イングリッシュ・ローズ」と総称される。

図2　ガートルード・ジーキルの肖像
（ウィリアム・ニコルソン画）

をとどめる庭はほとんどない。わずかな例外のなかで一般公開されており有名なのは、サマーセット州にあるヘスタークーム庭園であろう。ガートルード・ジーキルが建築家**エドウィン・ラッチェンス**（図３）とともに一九〇四年に設計したそのかたちに復元されており、一年に七万人の観光客がおとずれる名園である。石の階段や石垣と植栽が完全に調和し、色彩計画にもとづいた美しい花壇や植えこみがあり、花をつけたつる植物がからみついた**パーゴラ**の向こうに牧場と丘が広がる。典型的なイギリスの風景といっていいだろう。

　昨今、日本でもガーデニングがさかんになり、テレビや雑誌で「イングリッシュ・ガーデン」（または「コテージ・ガーデン」）と総称される美しい花の

ロゼット咲き
花芯から花弁が放射状に伸びる咲き方。オールド・ローズやイングリッシュ・ローズに多い。内側にいくほど花弁は小さくなり横から見ると平らに見える。

オールド・ローズ
一八六七年ラ・フランスという品種がつくられ完全四季咲きのモダン・ローズの歴史がはじまるが、それ以前の中国から伝わった古い系統のバラをオールド・ローズとよぶ。ほとんどが半つる性でロゼット咲き、つまり丸くてぽってりとした花を特徴とする。

図3　エドウィン・ラッチェンスの肖像写真

庭をよく目にするようになった。大きな庭園ではヘスタークームのような庭園、小さなものでは個人宅の丹精こめた庭の数々が公開され、目を楽しませてくれる。バラの花壇があり棚があり、小さな囲われた整形庭園と外に広がる自然の風景をあわせもち、古き良きイギリスのコテージ風の建物と調和したこのタイプの庭は、たしかに私たちがもっともイギリスらしいと感じるものだ。

　だが、イングリッシュ・ガーデン（英国式庭園）とは、もともと一八世紀のイギリスで一世を風靡した「風景式庭園」を指すのであり、広大で花ひとつない緑の丘陵地にうねうねと道が続き、樹が茂る樹塊、人工の湖などが配置されたものだった。その美しさは、当時のイタリア絵画の背景に描きこまれたものを目指しており「ピクチャレスク」とよばれる。だが、ヘスタークーム庭園はたしかにこの英国式風景庭園とはまったくちがっている。

　一九世紀になり、人々は緑一色の風景式庭園にやや飽きを感じて、花壇の花の華やかさを求めた。ヴィクトリア朝の庭園は、その結果、色あざやかな「ガーデネスク」の様式でつくられた。くわしくはイギリスの庭園の歴史の項を参照されたいが、現在のいわゆるイングリッシュ・ガーデンとは、このガーデネスクな庭園にさらに野趣を加え、古くからのコテージ（田舎家）の庭のイメージをよせて完成されたもので、一九世紀末から二〇世紀にかけて完成されたものなのである。そして、その創始者こそ、イギリスの庭園史に

エドウィン・ラッチェンス
Edwin Lutyens
一八六九―一九四四。

パーゴラ
つる性の植物をからませる棚のこと。

はじめて登場する女性、ガートルード・ジーキルである。

　ガートルード・ジーキルの庭のもっとも大きな特徴は、イギリスの気候に合った植物をもちいること、そして繊細で微妙な色彩計画による花壇設計である。ヴィクトリア朝の庭は派手であざやかなことが優先された。異国情緒にあふれる熱帯の植物を花の時期だけ無理に植えたり、対比的な色を使って花時計や模様を描いたりといった人工的な技巧が好まれた。しかし彼女は、古くからイギリスに自生するか、昔からその土地の気候になじんだ植物のみをもちいて、まわりの風景や環境に根差すような花壇や植えこみをつくり、調和を重んじた花の色を並べ、緑や銀色っぽい葉の色も合わせて絵画を描くようなやり方で色彩理論にもとづいた庭をつくったのである。できあがった庭は、しっとりと美しく風景になじみ、イギリス人にとっても「古き良きイギリス」を喚起させるものであった（図4）。

　彼女のつくった庭は、いまや、現代人が「イングリッシュ・ガーデン」とよぶものの祖型となり、ガーデニングは生活に根差した芸術のひとつとなった。そして二一世紀にもその美学は引き継がれている。彼女ののこしたガーデニング・ブックはいまなお版を改め、あらたな写真やカラーの挿絵を加えて出版されており、イングリッシュ・ガーデンにあこがれる人々のバイブルでありつづけている。

図4　ユリとデルフィニウム（『いくつかのイギリスの庭』ジョージ・エルグッド挿絵より）

この本では彼女の一生を、工芸家から庭園家、執筆家と活躍した人生を、かかわった人々や土地、社会背景などをふまえてたどってみたい。

目次

第1章　少女時代

誕生と家族

ガートルード・ジーキルは一八四三年一一月二九日、ロンドンのグラフトン・ストリート二番地の家に生まれた。ずっしりとした石の柱の玄関が並ぶジョージア王朝様式のテラスハウスであった。そのとき、ジーキル家には姉キャロライン（キャリー）、兄のエドワード（テディ）とアーサーがいた。のちにハーバートとウォルターという弟が生まれ、彼女は六人きょうだいのまんなかとなる。

　両親はそろって芸術愛好家で家のなかには本や音楽、絵画、彫刻などがあふれ、来客も多かった。ガートルードは幼少のころから好奇心旺盛、聡明で強い意志をもった子どもとして育ち、そのままの性格で大きくなった。

　ジーキル家は、代々の土地を受け継ぐジェントリー階級で、極端に裕福ではないものの、居心地のいい生活、富、土地、社会的立場といったものを享受することができる家柄であった。ガートルードの父、エドワードは近衛歩兵第一連隊に所属しており、大尉に昇進したが早期退職し、受け継いだ遺産でもっぱら趣味を追求する暮らしをおくっていた。彼は三二歳で銀行家の娘ジュリアと結婚。ふたりとも音楽好きで、エドワードはアマチュア音楽ソサエティを組織しフルートを演奏したが、ジュリアは彼よりもさらに音楽の才があり、メンデルスゾーンにピアノの手ほどきを受けたことがあるほどだった。エドワードは美術品の収集家でもあり、家にはヴィーナス像やエトルリアの壺などが飾られ、それを見て育ったガートルードは古典美術への造詣を深めた。ジーキル家の子どもたちはみんな父母の芸術への傾倒を受け継いでいた（図1）。

また、エドワードは手先が器用で機械に興味があり、ドルリー・レーン劇場を正確に模したモデル・シアターをつくったり、発電機を組みたてたり、マジックランタンや花火を工夫してこしらえたりした。アマチュア・ヨットマンでもあり、妻や子どもたちとヨットを楽しむこともあった。技術を愛する父の才能は、まぎれもなく娘に引き継がれている。

ジーキル家の両親は女の子に、とりわけガートルードには、型にはまった生き方を強制しなかった。中流階級の娘であれば、年頃になれば社交界に出て結婚相手を見つけ、「家庭の天使」として夫と子どもにつかえ、その世話をするというのが当時のごく普通の中流階級の常識である。しかしこの父母はガートルードに美術や工芸に秀でた才能があると見ると、それをいかして伸ばすことをためらわず、息子たちと異なるあつかいをすることはなかった。

図1　「豆の花と莢」（『子どもと庭』より）

おかげでガートルードは自らの興味のおもむくところを自由に、ひたすらに追求することができたのである。

ブラムリー村での少女時代

ガートルードが五歳にちかづいたころ、一家は田舎暮らしを選び、サリー州のブラムリーに引っ越す。ブラムリーはギルフォードから四マイル南、北部ダウンズのなだらかな白亜の丘の下に位置するティリングボーン渓谷の緑につつまれた小さな村である。ゴダルミングの下手でふたつの川が合流しウェイ川となって流れていくのだが、ジーキル家の新しい家、ブラムリー・ハウスはその川に近いところにあった（図2）。

一八六五年に鉄道が敷かれるまでは、ブラムリーはほかのイギリスの田舎の村同様、農業中心の小さな集落で、人口は一〇〇〇人くらい。おおむね自給自足で暮らしていた。運河が、やがては鉄道が村をギルフォードやロンドンとつなぎ、大都会のベッドタウンへと変えていくことになるのだが、ガートルードがここで暮らした二四歳になるまでの年月のあいだは、村の風景は穏やかで永遠に変化しないように思われた。のちにこの時代のサリー州の伝統的な農村風景と農家の暮らしを記録にとどめようと、ガートルードは『古き懐かしきウェスト・サリー』を執筆することになる（図3）。

図2　「子どもたちがボート遊びをしたところ」（『子どもと庭』より）

一家が借りて移り住んだブラムリー・ハウスは、もともと一八世紀以前にさかのぼる屋敷で、ガートルードが住んでいたころには、二階には寝室が一〇部屋、使用人部屋が七部屋もある大きなイタリア風の屋敷だった。このような広大な屋敷を貸し借りするのは一九世紀にはよくあったことだ。その間、所有者が変わることもありうる。ジーキル家が住んでいるあいだにも、ブラムリー・ハウスの持ち主は何度か変わっている。

広々とした庭は、少女時代のガートルードにとってははてしもない幸せの空間で、木々や茂み、花々に親しみ、そのなかで何時間も何時間もすごしたと語っている。一八五〇年代に流行した庭園の様式は、派手な色とこれ見よがしの花を植えこんだ幾何学状の花壇に代表される。だがこの屋敷の庭にはそのような傾向はまったくなく、自然にちかい森と茂みがほとんどを占め、ガートルードはこれを「茂みのウィルダネス」とよんでおり、のちのちの彼女の造園方法のモデルの

『古き懐かしきウェスト・サリー』 *Old West Surrey*. 1904.

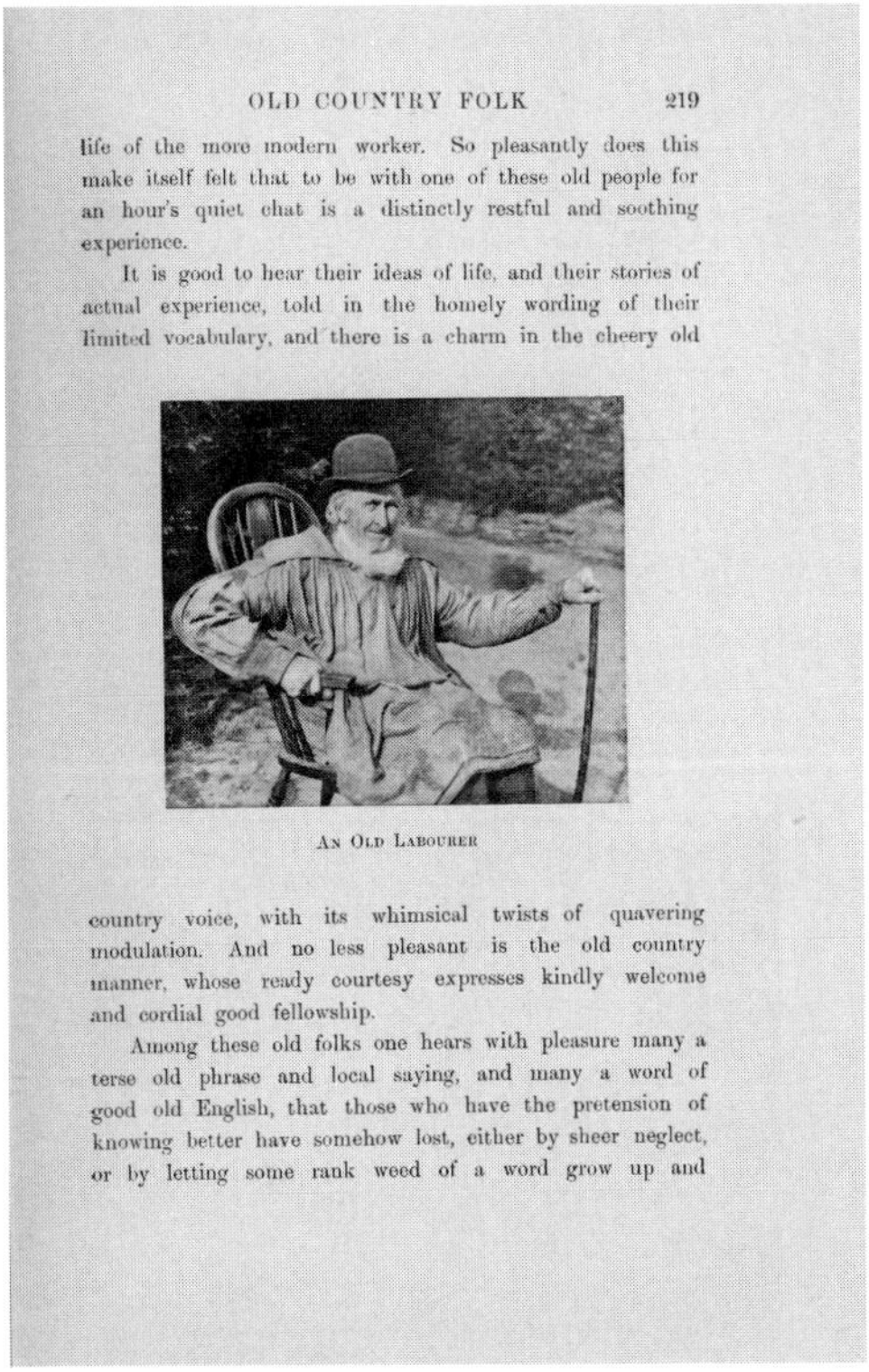
OLD COUNTRY FOLK 219

life of the more modern worker. So pleasantly does this make itself felt that to be with one of these old people for an hour's quiet chat is a distinctly restful and soothing experience.

It is good to hear their ideas of life, and their stories of actual experience, told in the homely wording of their limited vocabulary, and there is a charm in the cheery old

AN OLD LABOURER

country voice, with its whimsical twists of quavering modulation. And no less pleasant is the old country manner, whose ready courtesy expresses kindly welcome and cordial good fellowship.

Among these old folks one hears with pleasure many a terse old phrase and local saying, and many a word of good old English, that those who have the pretension of knowing better have somehow lost, either by sheer neglect, or by letting some rank weed of a word grow up and

図３　「年老いた労働者」（『古き懐かしきウェスト・サリー』より）

ひとつとなった。ヤグルマソウやラベンダーなど昔ながらの花が植えられたこの屋敷の庭でこそ、ガートルードの自然と美に対する鋭い目と直感は育まれたのである（図4）。

　幼少時から彼女はひどい近視だった。このことは、彼女の趣味や性癖にも影響を及ぼした。小さなものに熱中し、詳細なディテールに興味をもつことや、小さな世界を自分のものとして引きこもりがちになることなど。だが、近視であることは芸術家にとってかならずしもマイナスではない。とりわけ印象派のルノアールやドガは近視であることからその画風を発達させているし、晩年のモネの絵は白内障に悩んだからこそその画風であるといわれる。成長するにしたがって強度の近視になったガートルードは、庭づくりにも秀でていたモネと比較されることがある。

　ガートルードは七歳上の姉のキャリーより、年のちかい男の子たちと遊ぶことが多く、とくに弟のハーバートとは仲良しだった（兄のアーサーは若くして亡くなっている）。木登りやクリケットを好み、いっしょにスズメバチの巣を撤去したり、父が所有するボートの試し乗りに出かけたりした。冬の午後、父親の発電実験を手伝って金属やガラスをあつかった経験は、のちに工芸を志し、金属細工も手がけた彼女の出発点のひとつだったにちがいない。

　兄や弟が学校に入っていなくなると、ガートルードはポニーにのって、愛犬クリムを連れ、ひとりで出歩いた。林や森を抜け、半日も誰ひとり会うこ

図4　「春の庭」（『子どもと庭』より）

となく人の住処もないところを、心ゆくまでさまようのが常であった。当時の女の子としては行動の自由を許されていただけでなく、彼女は好みも楽しみ方も普通の女の子とはちがっていた。

ガートルードが九歳になったとき、当時の家庭教師がすばらしい贈りものをくれた。C・A・ジョンズ牧師による『野原の花々』という図鑑である。この本は、ガートルードの生涯でもっともたいせつな三冊の本のなかのひとつとなった。終生あまりにも愛読したためすりきれてしまい、買いかえなければならなかったほどである。しかもそれがいたんだときのためスペアまで用意していた。ガートルードはこの本で花の名前を調べ、しだいに種や属などの植物学的な関連にも自ら気づいていった。彼女の植物学的知識の源泉となった本である。

ブラムリーの村の大通りや小道、家や店や鍛冶屋などを、ガートルードはみんな知っていた。好奇心の強いこの子どもに、村の人たちはよろこんで手伝いをさせてくれ、屋根のふき方、フェンスのつくり方を教えてくれた。一日刈り入れを手伝ったことも、たきぎにする小枝を集めに森へいくこともあった。そのような経験はのちに手仕事を尊ぶ彼女の生き方に大きく影響したにちがいない（図5）。

姉と妹は幼いころからずいぶん性格がちがっていた。普通の女の子らしく育っていった姉キャリーにくらべ、父親から変わった子だといわれていた次女のガートルードは、すでに女の子向けの既成の教育や役割概念に反抗しはじめていた。

美術学校と修業時代

　両親はこの知識欲にあふれた次女に、女子高等教育を受けさせるのがいいのではないかと考えた。じつはガートルードがどこの学校へいったのか、そこでなにがおこったのか記録がなくてわからないのだが、入学した寄宿舎学校での生活は長く続かなかったらしい。彼女は家にもどってきて、ひとりで読書し、絵を描き、勉強しつづけた。すでに頑固で意志が強く、自分を貫く性格が見えはじめていた。彼女の興味は美術と工芸に向かっていた。

　一七歳のとき、ガートルードはサウス・ケンジントン美術学校に入学した。両親から受け継いだ芸術への愛と古典美術に対する興味、そして視覚的な美しさをなによりもよろこびとする彼女にはうってつけの学校であった。続く

図5　「コテージと鉢植えの花」「窓を取り巻くつるバラ」（『古き懐かしきウェスト・サリー』より）

二年間、ロンドンで美術教育を受けつつ、週末はブラムリーに帰っては戸外の生活を楽しんだ。イギリスの美術教育は女性に門戸をひらいたばかりであった。彼女はここで美術解剖学、色彩理論も学んだ。色彩にかんする繊細で洗練された感覚は、ここでの勉強のおかげである。

　美術学校を卒業して数か月後、ガートルードは知人からイタリアや地中海をめぐる旅行に誘われるという好機を得た。大英博物館の古代ギリシャ・ローマ部門につとめる考古学者のチャールズ・ニュートンが、ロードス島での発掘調査のために妻のメアリーを伴って旅行することになったのである。チャールズは自分よりずっと若い妻の話し相手にと、かねてから妻と面識のあったガートルードを誘った。メアリーはすでに画家として注目されつつあった。**ニュートン夫妻**は学識と才能をかねそなえたカップルであり、その当時の美術界の巨人である**ジョン・ラスキン**とも個人的につきあいがあった。美術工芸の道に進みたい一九歳の娘にとってまたとない機会である。メアリー・ニュートンはガートルードより一一歳年上であったが、ユーモアを解しガートルードと気が合い、三か月にわたる長い旅のあいだの同伴者としては最高の仲間であった。

　一行はトリエステからイオニア諸島、エーゲ海諸島を経て、トルコのスミルナ（現在のイズミール）、コンスタンティノープル、アテネからロードス島にいたった。メアリーとガートルードは旅の途上、たゆまず肖像画、風景画、

ニュートン夫妻
夫チャールズは大英博物館の古代ギリシャ・ローマ部門の主任であり、妻のメアリーは一六歳年下の画家である。

ジョン・ラスキン
John Ruskin
一八一九―一九〇〇。評論家、美術評論家。ターナーやラファエル前派と交流し、芸術一般に強い影響力をもった。

都市の景観、ヘレニズム遺跡の絵を描きつづけた。恵まれた家庭に育ったガートルードは年齢よりうぶなところがあったが、この旅のおかげで家から離れ、より広い世界にふれることができて大きく成長したといえる。

メアリーの描いたガートルードのスケッチからは、彼女のいでたちがよくわかる。幅広のスカートとコートを身につけ、片方の肩からは画板をつりさげ、財布と絵の具の壺を腰に片手でスツールを、もう片手でバッグをもち、大きなメガネをかけ、断固としたようすで帽子をかぶり、ゴルフボールくらいのイヤリングをぶらぶらさせている——この姿はまさに何事についても、とりくむときには全身全霊で、というガートルードの姿勢をすでに示していた。生涯、彼女は職人らしい実用的で尼僧のように地味なドレスを着ていたが、このときすでにその片鱗が見える。

旅のあいだ、ガートルードは地中海の風景に魅せられ、エキゾチックな花や木々、遺跡、土地の人々の暮らしなどを描きつづけただけではなく、植物を詳細に観察し、種を拾い、苗をつんでもちかえった。そのうちのいくつかはブラムリー屋敷の庭に植えられ、のちに旅を思い出すよすがとなった。この旅で見た遺跡の庭と地中海独特の野生の花々の調和、冬も緑の絶えないオリーブやイトスギ、ギンバイカなどの常緑の木々がいろどる風景は、長くガートルードの心にとどまりつづけ、彼女の庭園の大きな特徴となる。

帰路、一行はマルセイユに着き、クリスマスにはパリ、その翌日にはブラムリーの我が家にガートルードはもどってきた（図6）。

図6　「とってもいいきもち」（『子どもと庭』より）

コラム１

サリー州

イギリス南東部の州で、中心になるのはギルフォードの町だが州議会はキングストン・アポン・テムズにある。ロンドンへの通勤圏で、中流階級の人々が住む住宅街が多いというイメージがある。一八八九年まで、いまではロンドン特別区であるランベス、サザーク、ワンズワースもサリー州の一部だった。一九六五年にグレーターロンドンが現在の区画に定まるまでは、クロイドン、キングストン、マートン、サットン、バーネス、リッチモンドの区域もサリー州の一部だった。

H・G・ウェルズが『宇宙戦争』（一八九八）のなかで最初に火星人を到着させたのは、サリー州のウォキングの北とされ、実在の場所がモデルになっている。また、オースティンの小説『エマ』（一八一五）では、舞台として登場するボックス・ヒルは有名な景勝地である。

ギルフォードにはルイス・キャロルの妹の家、チェスナッツ邸があり、ここでルイス・キャロルは肺炎で亡くなった。マウント・セメタリーにお墓がある。ギルフォード博物館には彼の関係の展示がある。

画家のジョージ・フレデリック・ウォッツがメアリーと再婚して住んだのがコンプトンで、隣接する家にギャラリーをひらいた。いまもウォッツ・ギャラリーとして公開している。

ゴダルミング博物館には、ガートルード・ジーキルにかんする展示がある。

ジーキルの住んだ家と庭、マンステッド・ウッドは一部のこっており、いまは申込制で公開している。

サリー州
ギルフォード
コンプトン
ゴダルミング
ウェイ川
ブラムリー

第2章　画家として工芸家として

画家としてのスタート

二一歳をむかえたガートルードは黒ぶちの分厚い眼鏡をかけ、ひっつめた髪には飾り気もなく、地味な服装で、いつもしゃんとした姿勢をとり、堂々とした体格の娘であった。誰もが彼女の容姿より、頭の回転のはやさや機智、芸術の才に引きつけられた。しかしこの年頃になっても、結婚の話は浮かんでこなかったし、彼女自身もそれを望まなかった。父親はくりかえし結婚と子どもをもつことをガートルードにも求めていたけれども、一八六五年に姉のキャリーが結婚したあと、ジーキル家にのこった娘はガートルードひとりになる。家を守り両親の世話をするのも、娘にとっては大事な役割であり、それが彼女の肩にかかってきたのだ。

チャールズとメアリー・ニュートン夫妻との旅行は、ガートルードの世界を広げ、さまざまな画家や芸術家とのつきあいもはじまり、ロンドンでは展覧会や音楽会に出かけることもふえた。だがなによりもガートルードは絵を描くことに熱心にとりくんだ（図1）。

図1　ジーキルの若いころの絵「長靴をはいたネコ」

一八六五年から七〇年にかけて、ガートルードは九枚の絵を展覧会に出品した。すべてが動物の絵であり、そのなかのひとつ、弟の犬のチーキーをモデルに「カーンポールの六四連隊生まれ」という題名がつけられたスケッチは、ホイッスラーの「白いドレスの少女」と、G・D・レスリーの「レイソム・ハウスの攻防」とともにロイヤルアカデミーの北の部屋に展示され、一八六五年五月二四日付のタイムズ紙に評が出た。

「疾走するジェフ」というスケッチは、美術評論家のジョン・ラスキンに「すばらしいし興味深い」と称賛され、女性芸術家協会の展覧会で展示された。この協会は、一八五五年に女性画家と女性彫刻家をはげますために設立されたグループである。そして一八六五年一一月、彼女はあこがれのラスキンに招待され、ラスキン宅を訪問することもかなった。

弟のハーバートは、このころガートルードとともに絵を描くことを楽しんでいた。彼はガートルードが生涯を通じてもっともちかしくつきあうきょうだいとなる。ふたりは頻繁にナショナル・ギャラリーをおとずれ、ラスキンが集めたターナーのコレクションを鑑賞し模写してすごした。ハーバートの模写は非常に優れていて、クリスティーズの競売でターナー自身のものとして値がついたこともあったほどである。

また、**ジョージ・フレデリック・ウォッツ**の「白い牛」という絵を模写したことから、ウォッツとの長いつきあいがはじまり、彼が女性画家のメアリ

ジョージ・フレデリック・ウォッツ
George Frederic Watts
一八一七―一九〇四。画家、彫刻家。ヴィクトリア朝の著名人の肖像画を多くのこしている。後期になると象徴的な画風になっていった。

ー・フレイザー＝タイトラーと結婚してコンプトンに移り住むと、一八九三年までに頻繁にたずねていったほどである。だが、ガートルードは絵を描くだけでは飽きたらなかった。

　おそらくそこにはラスキンとの出会いが大きくかかわっているものと考えられる。ガートルードは一八六五年の初回を含め、数回ラスキンをおとずれており、ヴェネツィアで偶然出会ったこともある。彼女が彼とどんな話をしたのかについて記録はない。しかし画家ターナーに対する敬愛だけがふたりの共通点であったわけではなかろう。彼女のキャリアを考えるうえでラスキンの存在は無視できないものがある。

　ヴィクトリア朝を代表する批評家・社会思想家のジョン・ラスキン（図2）は、『近代画家論』（一八四三―六〇）、『ヴェネツィアの石』（一八五一―五三）などの著作を発表し、当時美術・建築の世界のみならず、イギリス文化全体にわたってオピニオンリーダーとして君臨していた。彼は産業資本主義に毒された安価で粗悪な製品を批判し、中世のように純粋な心と手で生産にはげもうとする精神を讃えていた。中世の手工業職人の技術を称揚するこの思想は、ラスキンの弟子の**ウィリアム・モリス**に引き継がれ、アーツ・アンド・クラフツ運動がはじまる。子どものころから手作業の技術になじみ、サリー州の村の鍛冶屋や馬具づくりの職人の仕事ぶりを熱心に観察し、ときには自らその仕事に手を出してきたガートルードが、ラスキンの手仕事に対

図2　ジョン・ラスキンの肖像写真

ウィリアム・モリス
William Morris
一八三四―一八九六。デザイナー、詩人、社会主義者。多方面で活躍したが、とりわけアーツ・アンド・クラフツ運動の中心を担った。

する愛と中世主義に共感し、その思想に共鳴していったのは当然のことでもあった。

工芸の道へ

一度、北アフリカに長期滞在した経験に加え、ガートルードは何度もくりかえしヨーロッパを旅行している。一八六八年、彼女は友人でやはり画家志望のスーザン・ミュア・マッケンジーとリヴィエラ、ジェノヴァ、ローマへと旅行した。スーザンはパースシャーの男爵家の令嬢で、ジョン・エヴァレット・ミレイのモデルになったこともある美貌の行動的な女性だった。教会や美術館をめぐったのはもちろん、ティボリにあるヴィラ・アドリアーナ、コモ湖畔のヴィラ・デステという有名なルネサンス式庭園もおとずれた。どちらも湖、噴水、滝などをダイナミックに配した水の名園である。

ガートルードは「ジジのアカデミー」という私設の工芸学校に足しげくかよい、彫刻をして金箔を貼りつける繊細な技術を一から学んだ。腕のいい職人から学ぶ機会があれば絶対に逃さないというのがガートルードの生涯通じてのモットーであった。なかなかしろうとに技術を明かさないイギリスの職人とはちがい、イタリア人はよろこんで自分の技を徹底的に見せ教えてくれた。

ローマからガートルードが帰るなり、思いもかけずジーキル家は引っ越しをすることになった。父エドワードがバークシャーにあるウォルグレイヴ・マナーという屋敷を相続することになったためである。一八世紀に建てられた堂々とした新古典主義様式の屋敷は美しかったが、ガートルードはバークシャーの景観があまり気に入らなかった。それほどに彼女はサリー州の自然に親しんでいたからである。

しかし両親がこの家の改築にかかわる計画をいっさいガートルードにまかせたので、彼女はインテリア・デコレーションを引き受けて、ドアやマントルピースの細工、スクリーンや置物にいたるまで、思いのままに腕をふるうことになった。このころ、ガートルードは人生の岐路となるもうひとつの出会いを経験している。ウィリアム・モリス（図3）である。

図3　ウィリアム・モリスの肖像写真

おそらくラスキンを通じて知りあったのであろう。この年の三月、ガートルードはブルームズベリのクイーンズ・スクエアにあるモリスの家をたずねた。そのころ、彼は叙事詩『地上楽園』の執筆中であった。

ラスキンの『ヴェネツィアの石』のなかの一章「ゴシックの本質」を読んだモリスが、その思想に感銘を受け、理想を実践にうつしておこしていったのが、アーツ・アンド・クラフツ運動である（図4）。モリスが中心になり、多くの彫刻家、デザイナー、工芸家や職人たちを巻きこんで広がっていったこの運動は、ラスキンがとなえたとおり、産業革命以前の中世の手づくりによる職人の技術を重んじ、職人の地位を向上させ、芸術と工芸の一体化をはかるものである。そして生活と芸術は遊離したものであってはならないという信念のもと、生活のための、使われるための芸術が目標であった。心地よく使われるものこそ美しい。それはモダン・デザインの源流となる。運動はさらに、機械文明への反発、大量生産・大量消費生活がいかにつくる人と使う人を遊離させ人間性を阻害するかを批判し、人間と事物との全体的な調和をはかる社会運動にも広がっていった。

その後、南ロンドンにあるモリスのマートン・アビーの工房をもたずねていったガートルードは、さらに絵画より「使うもの」をつくる工芸へと向かうようになった。彼女が彫刻した家具の紋様、デザインしたテキスタイル、刺繍を施した布などを見ると、明らかにモリスやその周囲のデザイナーたちの影響が色濃く表れている。というより、彼女自身、アー

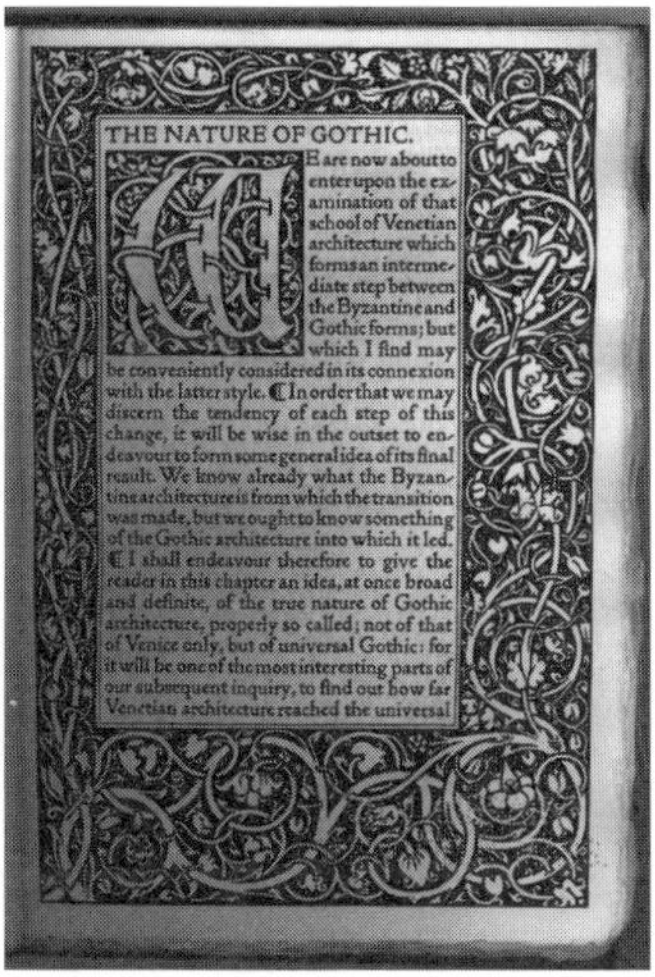
THE NATURE OF GOTHIC.

WE are now about to enter upon the examination of that school of Venetian architecture which forms an intermediate step between the Byzantine and Gothic forms; but which I find may be conveniently considered in its connexion with the latter style. ℭ In order that we may discern the tendency of each step of this change, it will be wise in the outset to endeavour to form some general idea of its final result. We know already what the Byzantine architecture is from which the transition was made, but we ought to know something of the Gothic architecture into which it led. ℭ I shall endeavour therefore to give the reader in this chapter an idea, at once broad and definite, of the true nature of Gothic architecture, properly so called; not of that of Venice only, but of universal Gothic: for it will be one of the most interesting parts of our subsequent inquiry, to find out how far Venetian architecture reached the universal

図4　ラスキンの「ゴシックの本質」。モリスのケルムスコット・プレスが装丁したものの最初のページ

ツ・アンド・クラフツ運動に加わった工芸家のひとりであると考えてまちがいないだろう。のちに彼女が庭園家となってからも、アーツ・アンド・クラフツ運動の特徴は、その世界観、自然観、芸術観とともに彼女のつくるものに見いだせる。

　ガートルードは人物像の描き方が下手だった。彼女はそれを視力が悪いせいにしていたが、明らかに彼女は画作よりは工芸に向いていたのである。このころ、彼女がマスターしていた技術は、彫刻、彫塑、塗装、木工、鍛冶、金属打ち出し、メッキ、寄木細工、刺繍、ガーデニングにまでいたる。しばらくしてレタリングの技術も身につけた。ウォルグレイヴにある彼女の工房はきちんと整頓され、秩序正しく道具が並んでおり、ここで彼女は正確な手仕事のつくりだす品々とその過程を楽しんでいた（図5）。いつのころか彼女は金属のはんだづけに吹き管を使うという、非常にむずかしい技術を身につけており、工具を使いこなす楽しさを存分に味わっていた。これを見るにつけ、両親もこの頑固で独立独歩の娘の一途な職人気質を理解し、無理に社交界に引っぱりだそうとすることもなくなった。とはいえ、家族や村の行事に参加することは避けられなかった。

　古くからの伝統や行事には惹かれるものがあり、ガートルードは五月祭《メイデイ》の花輪のつくり方を教え、行列のアレンジメントを請け負った。これは彼女が村のためにおこなった大きな貢献であり、二〇世紀の終わりになっても、ウ

図5　ガートルードのデザインしたタイル。ツルニチニチソウとチューリップ

ォルグレイヴ・ピゴット・ジュニア・スクールでは五月女王《メイクイーン》の花冠は引き継がれ、そのままにメイポールのまわりを踊るダンスがおこなわれている。そのほかに彼女が公共の施設に貢献したのは、フィルモアの泉とよばれている共用の井戸に、屋根のついた囲いをつくったことであった。

刺繍と織物

マートン・アビーのモリスの工房では染色や織物など、テキスタイル関係の仕事がさかんにおこなわれていた。ここをたずねて以来、ガートルードは布を使った工芸にも興味を惹かれていた。サウス・ケンジントン美術学校にいたとき、彼女はクリストファー・ドレッサーやオーウェン・ジョーンズの植物をモチーフにしたテキスタイル・デザインに感銘を受けていた。のこっている刺繍やデザインから見て、ガートルードの作品は、ドレッサーやジョーンズより花や茎が流れるように組みあわさっており、モリスのデザインにちかい。

ニューボンドストリートのロンドン万国博覧会の展示で、ガートルードの刺繍を見てその色彩とデザインの秀逸さに打たれたのは、画家の**フレデリック・レイトン**（図6）であった。まさかしろうとの作品ではあるまいと思ったレイトンは、出品者が働かなくても食べていける家柄の娘であることを知

図6　フレデリック・レイトンの肖像（ウォッツ画）

フレデリック・レイトン
Frederic Leighton
一八三〇―一八九六。画家、彫刻家。歴史や聖書、古典に題材を求める絵を好んで描いた。

り、遠慮しいしい人づてに、同じような刺繍の作品を自分のためにつくってほしいのだが、とたのんだ。彼がとりわけ悩んだのは、作者に支払いをすべきかどうかという、たいへんに微妙な問題だった。ミス・ジーキルは刺繍を純粋にアマチュアとして「楽しみのために」なさっているのだろうか（つまりお支払いをしようというと失礼なのだろうか）？　それとも作品を売っていらっしゃるのだろうか？　だとすればいくらぐらい？　レディにこのようなことをきくのは非常に気まずいものだ。

　とどのつまりは双方にとって満足な額の取引がなされ、ガートルードのザクロの模様をあしらった刺繍作品はレイトン家のテーブルクロスとなり、のちにレイトン・ハウスが博物館になったときには展示されていた。このクロスは、いまはないが、このほかに博物館にはガートルードの手によるパネルがふたつ、あとで発見されて展示されている。茶色、レンガ色、ラベンダー色の花と葉がリズミカルにくりかえされる模様がいきいきと刺繍され、色あせてはいるが、三次元的な厚みをもった模様である。

　このころのガートルードは、風見鶏をつくり、金属細工に凝り、その作品を通じて非常に多くの人々と交流した。画家のアルバート・ムアをはじめ、フレデリック・ウォーカー、ジョージアナ・バーン＝ジョーンズの姉妹のアグネス・ポインター、キプリングの母となるアリスらである。なかでも社会主義者で建築家のフィリップ・ウェッブとその妻バーバラと親しくつきあうが、ウェッブ夫妻はとりわけ彼女の後半生の重要なパートナー、建築家のエドウィン・ラッチェンスの人生に重要な意味をもつことになった。

　ガートルードがもっとも秀でていたのは刺繍のデザインとその技術で、タンポポ、ギンバイカ、ザクロ、イチゴを組みあわせた模様のクッションカバーのセットを仕上げた。これはのこっていないが、ツルニチニチソウとアイリスを組みあわせた作品は、この一〇年後にアート・ニードルワークの王立学校が出版する『刺繍ハンドブック』の表紙を飾ることになった。ガートルードのデザインでつくられたクッションカバーは、布だけで一ギニーくらい、刺繍をすると二～五ギニーの値段がついた。

　女性が金もうけをするのはいやしいこととされていたこの時代、お金を稼ぐということは、ガートルードにとってどんな動機があったのだろうか。地主の娘で、遺産で暮らすだけの余裕があるガートルードにとって、生計を立てる必要はなかった。その意味で彼女は自分をあくまでアマチュアだと考えていた。しかし依頼された仕事に対する報酬は、彼女にとって重要なものであった。なによりもそれは社会的認知と名声をもたらすものであったからだ。完全にプロの腕前をもち、自然なビジネスセンスがそなわっていたし、自分の才能を世に出すための方法を常に探していた。そのためには、友人知人のネットワークが欠かせず、それは名家の娘という立場がたいへん役に立ったのである。

一八七四年、軍隊に入り西アフリカにいた弟のハーバートが、ジャングル熱にかかり帰国した。ヴィクトリア駅に近いモルペス・プレイスに彼の家を用意したガートルードは、その内装と装飾を一手に引き受け、楽しくその仕事にとりかかった。八一年にハーバートは結婚するが、姉と弟の仲が変化することはなく、このふたりはいつも仲良しだった。この家はガートルードにとってロンドンでの仕事の足場となった。

そのほかにもガートルードはさまざまな内装の仕事を引き受けて、カーテンやパネルの刺繍、インテリアのトータルコーディネーションにとりくんだ。なかにはルイーズ王女のおじのウェストミンスター公が受け継いだチェシャーのイートンホールの改修という大きな仕事もあった。このとき建てられたウォーターハウスホールは、建築家アルフレッド・ウォーターハウスのもっとも意欲的なゴシック・リヴァイヴァルの建物である。ガートルードは、その客間のシルクのパネルの刺繍を請け負った。残念ながら、このパネルはもはやのこっていないが、音楽家**ブルメンタール**のハイドパークゲイトにある別荘には、ガートルード自身が撮ったパネルの写真がのこっており、金の孔雀とオレンジの木が描かれた壁と彫刻のあるマントルピース、花びらのような模様のカーテンが見てとれる。

ブルメンタール
ブルメンタールはヴィクトリア女王のピアノ教師をつとめていた。

庭園家への道　『ワイルド・ガーデン』の衝撃

ガートルードはもっともいそがしく工芸品にとりくんでいたときも、庭にイーゼルを立てて植物のスケッチをすることは続けていた。彼女にとって植物スケッチはデザインの基本にあったからだ（図7）。ウォルグレイヴに引っ越して四度目の夏、あるアイルランド出身の若いプロの園芸家が書いた本が大評判になっていた。彼はラスキンの「自然をこそお手本にすべきである」という主張に忠実で、彼の園芸理論にガートルードは心から賛同した。それは**ウィリアム・ロビンソン**の『ワイルド・ガーデン』であり、そのなかで彼はヴィクトリア朝に流行した派手で手のかかる「ガーデネスク」な花壇の流行が、耐寒性のある植物の衰退をもたらしてしまったことを嘆き、野原や森や雑木林に自生する植物をとりいれ、イギリスに固有の植物と外来種をバランスよく配置し、植生に配慮した自然な庭をつくることを提唱していた。その主張は、折しもラスキンの影響を受けたラファエル前派の画家たちの植物愛、ことになかば野生状態に咲きほこ

図7「デルフィニウム・フリーク」（『子どもと庭』より）

る美しい花への指向性になじむものがあり、趣味として園芸をたしなむ女性たちの共感を勝ち得た。ロビンソンの著書はベストセラーとなり、ガートルードにも大きな影響をあたえた。ロビンソンの提唱した「ウィルダネス」は、ガートルードがそれまで心に描いておりながらことばにすることがなかった概念をいいあらわしていたのである。

よくいわれているように、ガートルードは人生の半ばで突然、工芸家から庭園家に自らの道を切りかえたわけではない。彼女はもともと子どものころから木々やハーブ、花について非常に深い知識をもっていた。イタリアを旅行すれば種をもちかえり、このころになるといろいろなコテージ・ガーデンをたずねてはよく調べ、種や切り花をもってかえっていた（図8）。ただ、園芸やガーデニングを中心に考えることがなかっただけである。

三〇歳になるちょっとまえ、ガートルードは生涯でいちばん長い旅行をした。かねてから知りあいになっていた音楽家のブルメンタール夫妻の招待を受け、彼らのスイスの別荘に泊まったあと、トリノ、ジェノヴァ、リヴィエラを経てマルセイユにいたり、海をわたってアルジェリアにいたる五か月半にわたる旅だった。ブルメンタールのスイスの別荘では、お忍びのルイーズ王女、画家の**ハーキュリーズ・ブラバゾン**とその知りあい、そのほか著名な歌い手などもつどった。ここでガートルードは庭で絵を描き、刺繍をし、花の咲く野原を散策し、夜は音楽と芝居を楽しんだ。このときライオネル・ベ

ウィリアム・ロビンソン
William Robinson
一八三八―一九三五。庭園家、著述家。自然を尊重する庭のあり方を説き、雑誌『ガーデン』の編集をつとめた。

図8　一重のバラ（『イギリスの庭のためのバラ』より）

ハーキュリーズ・ブラバゾン
Hercules Brabazon
一八二一―一九〇六。水彩で風景画を描いた画家だがアマチュアを貫き、絵を売ることも注文を受けることもしなかった（40ページのコラム2参照）。

ンソンというアマチュア画家は、ガートルードについて挿絵つきでこんな戯れ詩を書いている。

ミス・ジーキルは山に登って
見つけた花を摘んできた
町で買ったら半クラウンするよ
そこで見つけた花一本が（図9）

そのあとでおとずれたアルジェリアの美術と北アフリカの植物はガートルードを魅了した。カルタゴ、ローマ、アラブ、トルコ、フランスといった国々に、順々に侵略されたアルジェリアは血みどろの歴史をもつが、反面そのおかげでさまざまな異文化が混交し、豊かなものが生みだされてきた。ガートルードはここでジョージ・カーリーという教師についてアラブ装飾についての集中講義を受けることにし、ドレスや刺繍やタイルをスケッチし、デザインを写して時をすごした。植物学については、アルジェ大学のデュランド教授がガイドしてくれた。ここでガートルードはオリーブの木、青や白のアイリス、クレマティスの蔓がからんだ梨の木など地中海の植物に魅せられた。とくにユッカ（図10）は、のちにガートルードが自分のつくる庭に多くとりいれた植物である。おとずれた庭を詳細に記述していたガートルード

図9　アルプスでのガートルード・ジーキル

図10　好んで庭に使ったユッカの花

の記録によると、「テラス式の庭で、バラとスイカズラが屋根をおおうあずまやから、丘の中腹にある町と海の眺めがすばらしく、タイルの庭用長椅子、噴水、スレートの階段、植物が生い茂った水路がすばらしい」。ここで見た、建物とそれを土地になじませるようにからみつく植物の組みあわせというのは、ジーキルの庭のデザインの大きな特徴になる（図11）。

一月のほとんどをカーリーとともに金属細工、陶芸などをしながら、またバザールで働く工芸職人とすごした。ここでガートルードは結核の療養に来ていた画家フレデリック・ウォーカーに出会った。フランス語を話せず、病気が悪化してホームシックになっていた彼に同情し、ガートルードはまるで迷子の子ネコを保護するようにして彼をロンドンに連れて帰ったが、まもなく彼は亡くなった。

ウィリアム・ロビンソンをたずねて

アーツ・アンド・クラフツ運動に共鳴していたガートルードは、どこにいっても家の内装と庭とを観察しており、自分

図11　テラスと池（『いくつかのイギリスの庭』ジョージ・エルグッド挿絵より）

の工芸作品やそのほかのデザインは生活の延長線上にあるものとみなしていた。彼女が思い描く理想の庭園は、フランス式の古典主義的な整形庭園でも一八世紀のイギリスを席巻した風景式庭園でもなく、ましてやヴィクトリア朝の派手で手のこんだ「ガーデネスク」なものでもなかった。周囲の風景にとけこみ、自生する植生を利用して、なかば自然なかたちをのこしつつ、イギリスの気候に合った宿根草を主とした庭。それは、どんな庭園が流行した時代にも、とぎれず存在したひなびた村の家々に見いだされる、昔ながらのコテージ・ガーデンの姿と一致した（図12）。

　この田舎家風の庭が、一挙に注目を集めるちょうどそのときが来ていた。ラスキンの思想の浸透もあって、「古き良きイギリス」の面影を追った中流階級の人々は人工的な都会を離れ、田舎に居心地のいい場所を求めて田舎家風の家やコテージ・ガーデンにあこがれたのである。

　そもそもウォルグレイヴ・マナーに引っ越したときから、ガートルードは園芸の才に目覚めていた。昔からある古風な香りのいい花々を植え、パーゴラをつくり、ヨーロッパアカマツを植えていた。スイスからアルジェへの旅から帰り、いっそう庭づくりに興味をもったガートルードは、一八七五年、『ワイルド・ガーデン』の著者、ウィリアム・ロビンソンにアドバイスを求めて会いに出かけた（図13）。

　ロビンソンはそのとき、三五歳。週刊『ガーデン』を刊行し、著名な園芸

図12　タチアオイがあるボーダー花壇（『いくつかのイギリスの庭』ジョージ・エルグッド挿絵より）

家からも寄稿を得ており、すでに八冊の本の著者でヨーロッパ、北アメリカを庭と植物を求めて広く旅行していた。『イギリスの庭のための高地アルプスの花々』ほか、彼の本はイギリスの園芸界に大きな影響をもたらしていた。ラスキンが書いた高地の植物についての本を読んでアルプスの花に興味をもったロビンソンは、ラスキンと文通しており、ラスキンもまた、ロビンソンの雑誌にははやくから寄稿していた。ロビンソンは自然と自然な庭のもっとも強力な提唱者であり、「ガーデネスク」な庭の、**カーペット・ベッディング（毛氈花壇）**や**結び目花壇**のような人工的なやり方を嫌っていた。『ワイルド・ガーデン』の熱心な読者だったガートルードもやはり、過度に人工的な刈りこみや、派手なばかりの色の花壇には反発していて、彼女のコテージ・ガーデン好みはロビンソンの庭の理想にかなりちかかった。

　ロビンソンは怒りっぽく、彼の才能を認めている人にとってもあつかいにくい人間だったらしいが、新しい書き手を求めていたこともあり、またガートルードの人のあつかいの巧みさのおかげもあって、一目でふたりは意気投合した。それ以来ふたりは師弟関係を結び、人生を通じての親友同士となった。まさかこのとき、ガートルードはこのあと自分が『ガーデン』の編集者になるとは思いもかけなかったことだろう。

　折も折、一八七六年に父のエドワードが七二歳で亡くなると、母ジュリアは遺産として一〇〇〇ポンドを受けとった。ウォルグレイヴの家屋敷は長男

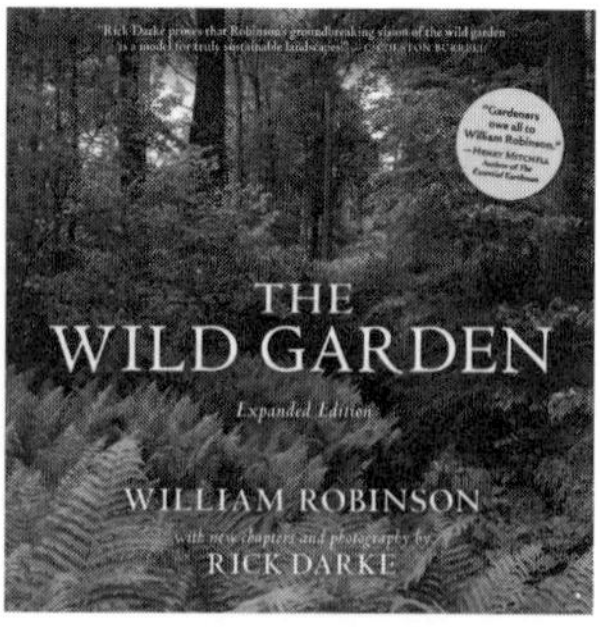

図13　ウィリアム・ロビンソン『ワイルド・ガーデン』現在も出版されている

カーペット・ベッディング（毛氈花壇）
じゅうたんの模様のように花で模様を描き、うめつくすこと。

結び目花壇
リボンの結び目のようなかたちの枠のなかに、花や葉をうめるように植えた花壇のこと。

のエドワードが相続するので、母とまだ結婚していない三人の子どもたちは屋敷を出て、どこかに住処を探さねばならなくなった。とはいえハーバートは陸軍中尉、ウォルターは牧師になっておりほとんど独立していたので、三二歳で結婚するきざしもないガートルードは、よろこんで母と同居することに決めた。バークシャーには八年間住んでいたというのに、ガートルードはいまだにサリー州のブラムリー・ハウスにホームシックを感じていたし、母もまたウォルグレイヴにはなじめなかったので、ふたりは当然のごとくサリー州のどこかに場所を探し、家を建てることに決めたのであった。ここからガートルードの園芸家としての人生がはじまる。

コラム 2

ハーキュリーズ・ブラバゾン

「イギリスのわすれられた印象派」とよばれるハーキュリーズ・ブラバゾン・ブラバゾンは生涯アマチュアであることを押しとおし、自分の描いた絵を売らないうえ、絵を展覧会に出品することもしないで、ただ好きなものだけを描きつづけた異色の画家である。

一八二一年パリで生まれたハーキュリーズは、ハーキュリーズ・シャープとアンナ・メアリーの息子で、母はアンソニー・ブラバゾン卿の娘であった。一家はまもなく東サセックスのオークランドに引っ越した。長じてハーキュリーズは数学を専攻し、ケンブリッジ大学トリニティ・カレッジを卒業した。父は彼に法律を学ばせたかったのだが、ハーキュリーズは自分の意志を貫いて、ローマで音楽と美術を学ぶべくイギリスを離れ、アカデミア・サンタ・チェチーリアとアカデミア・ディ・サン・ルカに入学した。父は彼を連れもどそうとして手当金を減額したが、まもなく彼は兄の死によって遺産の相続人となった。彼はブラバゾンの名前を継ぐという条件をのみ、ハーキュリーズ・ブラバゾン・ブラバゾンとなった。そして西アイルランドのコノートに領地を相続したのである。

それ以来、彼はハーキュリーズ・ブラバゾンと名のり、ヴェラスケスやターナーの絵に影響を受けつつ風景画を描きながら、各地を旅して人生をすごした。一八五八年、オークランドの土地をも相続したが、その管理は義理の兄にまかせ、おもにヨーロッパ、またインド、北アフリカにも旅を続け、スケッチをし水彩画を描いた。自らを「ジェントルマン・アマチュア」と称し、七〇歳の半ばになるまで、けっして絵を人に売ったり見せたりしなかった。土地を受け継いだ地主階級の裕福な人間として、彼はまったく稼ぐ必要がなかったのである。パトロンに左右されることも、画廊の評判を気にすることもなく、彼は自由に創作活動を追求した。ジョン・ラスキンは彼をターナーの後継者と考えていたが、なかなか真価を認められることがなかった。

　だが晩年、友人の画家の強いすすめで、とくに画家ジョン・シンガー・サージャントにおされてニューイングリッシュ・アートクラブに出品し、ボンドストリートのギャラリーで個展をひらき、成功をおさめた。ここではじめてブラバゾンはその画風の現代性を認められたのである。

　一九〇六年オークランドのセドルスクームで亡くなり、そこに埋葬された。

　一九二六年経済的に疲弊した親族が、彼の作品を安く売りはらい、彼の画家としての評判も絵自体もかなり評価がさがってしまった。しかし、一九八〇年代から見直しがはかられ、多くの美術館に彼の絵は所蔵されている。

バッキーノから見たヴェニス　水彩　ブラバゾン画

第3章　マンステッド・ウッド

マンステッド・ハウスとその庭

ガートルードの母ジュリアは六四歳で未亡人になったが、夫の財産を相続したので暮らしにはなんの心配もなかったし、地所を購入して家を建てることに躊躇はなかった。ガートルードと慎重に検討した結果、サセックスとの境界に近いサリー州のマンステッドが候補にあがった。便利というにはロンドンから離れていたけれど、丘が連なるのどかな風景の田舎だった。すでにウォルグレイヴの家の付近には工場が建ち、昔ながらの風景を変容させていたが、ここには産業革命が侵入してきたしるしもなく、広々とした景色が母と娘の心を惹きつけた。三五歳から続く五四年間、ガートルードはあらたな故郷となったここ、マンステッド周辺からほとんど出ることなく仕事にとりくむことになる。

　マンステッド・ハウスの建築にあたっては、ガートルードはただ見ているだけでは気がすまなかった。ウェスト・サリーの古くからの建築と技術と伝統を重んじるガートルードは、ブラムリーのジョン・J・スティーブンソンという建築家を選んだ。彼はスコットランドでかなりの経験を積んでおり、マンステッド・ハウスのために三階建てのスコットランド風の家を計画した。ガートルードの寝室と広い工房が片翼にできる予定であった。ガートルードはふたつの暖炉のデザインを引き受け、彫刻で飾りつけている。

家はその土地からはえてきたような面と、職人がつくりあげるという面があって、その相互関係から生まれるのだとガートルードは主張していた。だから家は庭あってのもの、庭は家あってのものだと（図1）。

マンステッド・ハウスの庭はこれから彼女が手がけることになる庭のいわばプロトタイプとなった。パーゴラ（蔓をからませた棚）、パーテア（装飾的に配置された花壇）、耐寒性のある花の咲く**ボーダー（境栽）花壇**、イタリアの風景に似せたイトスギが並ぶ長い草地の散歩道、モントルーの風景に似たアルプスのロックガーデン、サリー州の森林地を思わせるブナの並木道。ひとつひとつの特徴が独立しているのではなく、ゆ

ボーダー（境栽）花壇
ボーダー花壇については65ページを参照。

CLEMATIS FLAMMULA ON COTTAGE.

図1　「コテージに絡むクレマティス・フランミュラ」（『花の庭の色彩計画』より）

るやかにつながっており、すべてはサリー州独特の砂地をベースにしている。同時代のほかの庭と大きくちがっているのは、自然のままの土地――「ウィルダネス」をのこすことだった（図2）。

もとからはえている植物を抜きとってしまうのは、家の建っている周辺のみで、花壇をつくるのはそこだけだ。家から離れていくにつれ、ウッドランドガーデン（疎林をのこしたまま下に自然な感じで花を植えた庭）が広がり、もとからあったヒースや低木が茂る上にヨーロッパアカマツ、トチノキ、ブナ、ヒイラギ、ネズが枝を伸ばす。下草やシダ（図3）は庭に植えた植物とうまく調和して混ざり、きちんと草を刈った道ではなく、長年ふみしだかれてできたような散歩道が芝生や庭からさまざまな方向へ向かって続いている。ガートルードの作風は、庭園史においてはしばしば「サリー派」とよばれる。彼女を含め、このあたりに住んだ何人もの庭園家がつくったイギリス南部の気候風土にふさわしいコテージ・ガーデン風の庭のことである。

ガートルード・ジーキルの庭の特徴

マンステッド・ウッドの庭は、ウィリアム・ロビンソンが提唱する「ワイルド・ガーデン」の概念にかなりちかい。ただ、ガートルードは彼ほど厳密ではなく、整形庭園の要素を否定はしなかった。その意味で彼女は、同時代

図2　紫と白の組み合わせ（『いくつかのイギリスの庭』ジョージ・エルグッド挿絵より）

図3　シダの下生え（『花の庭の色彩計画』より）

の「整形庭園VSワイルド・ガーデン」論争のどちらにも加わらず、しかもその**双方を理想的に止揚した**といわれている。

ここ五〇年のあいだ、技巧を凝らしすぎた庭づくりは**「土地の精霊」**の声をきくことをわすれてしまっていた。風景式庭園が流行したころ、このことは庭園家にとってもっとも重要課題だったはずなのだ。しかし、ここでふたたびガートルードはサリー州の「土地の精霊」の声を庭に響きわたらせた。「どんな人工的な植栽も、自然が植えたものにはかなわない。真摯に、慎み深く、自然の意図の単純さを、目的の率直さを、そしてはかりしれない質の価値を、自然から学ぼうではないか」はじめて出版した著書**『森と庭』**のなかで、ガートルードはそう説いている。ここにはラスキンの思想も透いて見える（図4）。

ほぼ毎月、ガートルードは『ガーデン』に記事をのせつづけた。アルジェリアで知りあったデュランド教授からは耐寒性の植物がちょくちょく送られてきており、北アフリカの植物にくわしいのもガートルードの強みだった。この雑誌は、彼女が庭園論を説く格好の場となる。

種苗場へも足しげくかよい、英国王立園芸協会（ＲＨＳ）の品評会（現在のチェルシー・フラワー・ショウ）の審査員もつとめるようになって、造園家、園芸家とも知りあいがふえた。そのなかには、たとえばウィーズリー・ガーデンをつくったジョージ・F・ウィルソンがいる。ろうそくづくり職人の

双方を理想的に止揚した
この点については第5章イギリスの庭園の歴史を参照。

「土地の精霊」
ラテン語でゲニウス・ロキとよばれ、そもそもはローマ神話の土地の守護霊のことだったが、庭園史や建築理論では土地の雰囲気や土地柄のことを指す。

『森と庭』
Wood and Garden. 1899.

図4　マンステッド・ウッドの石段（『森と庭』より）

息子として生まれたウィルソンは、ろうそくに使う油脂について特許をとり商業的な成功をおさめて、サリーのウェイブリッジに土地を買ったのであった。やせた酸性の土地がユリ、アイリス（図5）、シャクナゲ（図6）に適していることをたしかめ、こんなのは庭じゃないといわれながらも、世界中の花が自然に咲きほこる場所なのだとしてウィーズリー・ガーデンをつくり、数々の賞を受賞してＲＨＳにも認められていた。現在、ＲＨＳの所有する庭園となったウィーズリーはキュー・ガーデンズについでよく人がおとずれる庭園として有名になっている。

　積極的に庭園の仕事を手がけるようになったガートルードは、外でも造園にとりくむようになり、ウェイブリッジではウィルソンに手を貸し、いっしょに平地仕立てのアルプス風ロックガーデンをつくった。ほんのすこし高くなった岩の花壇にしずめたレンガの小道が交差し、見る人の目の高さで高山植物を鑑賞できるように、いくつもの花壇の島が連なっているというものである。ラスキンの影響もあってスイスへの旅行が流行し、彼の真似をしてシャモニーに別荘をかまえたいと考える人は多かったが、なかなかそうもいかない。ならばせめて自分の庭にアルプスの植物を植えたいということなのか、ロックガーデンがずいぶん流行っていた。

　マンステッド・ハウスにも、ガートルードは灌木に囲まれたアルプス風ロックガーデンをつくっている。植物が岩をおおい、とても自然な効果を醸し

図5　アイリスは花色も豊富でよく植えられた

図6　シャクナゲはヴィクトリア朝のブームがあった

だしていると評判のものであった。スイスのブルメンタール夫妻の別荘にもロックガーデンをたのまれていた。帰宅したガートルードはひっきりなしの記事と質問への答えを書いて暮らした。しかし彼女は、記事にはすべてイニシャルしか署名しなかった。

兄のエドワードが州の統監補佐になり、ふたりの子どもの父として家を建てようとしたときは、もちろんガートルードが庭を手がけた。弟のハーバートは、バーン＝ジョーンズのパトロンのウィリアム・グレアムの娘、アグネスとダンスパーティで出会い、恋に落ちて結婚した。ガートルードともっとも仲がよく、また容貌も似ていたハーバートはアグネスと幸せな家庭を築き、ふたりのあいだに生まれた甥のフランシスこそ、ガートルードについての**回想録**を書きあらわした人物である（図7）。

ラスキン、モリスとも知りあいで、いろいろな面でアーツ・アンド・クラフツ運動にたずさわった男性と同じ技術をもち、工芸品や美術、自然と芸術に対する考え方を共有しておりながら、ガートルード・ジーキルの役割があまり評価されていないのは、彼女が運動の社会主義的な面にはかかわらなかったせいもあるが、アーツ・アンド・クラフツ運動から生まれてきたさまざまな組織が、女性を役職から排除していたという事実も無視できない。

モリスは庭園をつくることも庭園論を文章としてのこすこともしてはいないが、講演などで述べた庭園論は同時代の庭園に大きな影響をのこしている。

回想録
Francis Jekyll. *Gertrude Jekyll: A Memoir*. 1934.

図7　窓辺のネコ（『家と庭』より）

アーツ・アンド・クラフツ運動には、当然造園技術も含まれた。中世を理想とするモリスは囲われた庭を回顧し規則的であることを提唱しつつ、自然の奔放さを模倣するべきだと述べていた。彼の理想の庭はリズミカルで構築的な、ちょうど彼のテキスタイル・パターンのようなもので、枠組みの規則性と内容の不規則性を両立させ、環境との連続性と、実用的であることを重視していた。

またこの運動には多くの建築家も賛同し、地元産の建築素材をもちい、中世のような職人技を使う流派を生みだした。これは庭園にも敷衍し、「アーツ・アンド・クラフツ」庭園を生みだした。その特徴は、囲われた敷地をさらに区分けし、小区画に幾何学的な花壇を配置。すべて地元の石と地元の植物をもちい、中世同様の手作業で造園をおこなうというものである。オックスフォードシャーの「ケルムスコット・マナー」、ベックスリーヒースの「レッド・ハウス」（図8）はモリスが別荘として使っていたところで、モリスの庭園論に即してつくられた「アーツ・アンド・クラフツ」庭園の典型がある。

ガートルードのつくる庭はウィリアム・ロビンソンの

図8　ウィリアム・モリスの家レッド・ハウス

影響を受けて、ヴィクトリア朝に流行した整形庭園を自然なもの、土地に根差したものにちかづけ、古くからあったコテージ・ガーデンとアーツ・アンド・クラフツ運動を融合させて、あらたな新機軸を打ちだしたといえるだろう。彼女の庭のもうひとつの重要な要素は、絵画の方法論の応用にある。「庭をつくるのは絵を描くようなものだ」と彼女は著書のなかで述べている。自然のなかでは多様性はつきせぬものであり、材料となる植物についての可能なかぎりの知識がないと、そのなかの芸術性や統一性は到達できない。詩人がもっとも適したことばをもっとも適した順番に並べていくように、もっとも優れた植物をもっとも優れたやり方で使うことが必要だった。

美術学校で色彩理論を学んでいたガートルードが、それをガーデニングに応用するのは当然のなりゆきであった。彼女の『花の庭の色彩計画』という著作は有名で、はじめて造園に色彩理論を応用し、庭の設計図に色を指定して書いて大きく評価された（図9、10）。この本は春から冬までの時期を章に分け、それぞれの時期に植えるべき植物とその色の効果を自ら撮った写真と設計図をふんだんに使いながら描いており、指示は的確で実用的であると同時に、文章は花の色を繊細に表現した詩的なものになっている。

ガートルードが美術学校で学び庭園に応用した色彩理論は、フランスの化学者ミシェル＝ウジェーヌ・シュヴルールが提唱したものである。王立ゴブラン織り製作所染色部門の監督をしていた彼は、そこから色彩に興味をいだ

『花の庭の色彩計画』
Colour Scheme for the Flower Garden. 1911

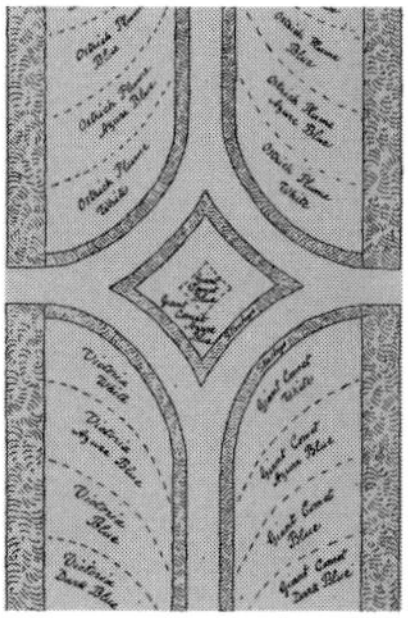

図9　四分割花壇の設計図（『花の庭の色彩計画』より）

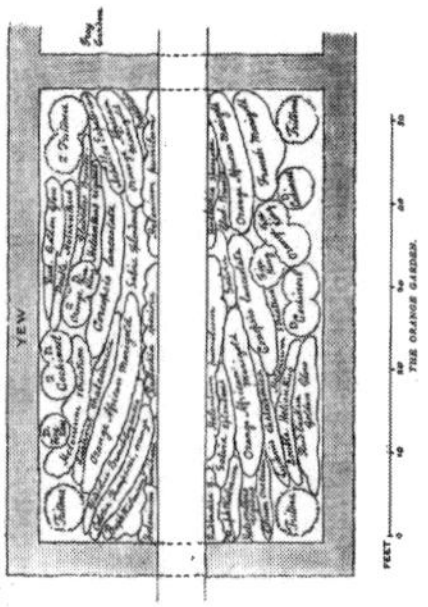

図10　花の種類を指定して書かれた花壇の設計図（『花の庭の色彩計画』より）

き、配色や調和についての著作を著した。『色彩の同時対比の法則とこの法則に基づく配色について』がそれで、「類似色の調和」と「対比の調和」は、のちに新印象派の画家たちにも大きな影響をあたえたものである。これを簡単にまとめると、こうなるだろう。色相環にもとづきとなり同士になる色と向かい同士になる補色を考える。類似色の調和とは、大きく分けて、①同一色相で異なるトーンの配色、②似た色相で似たトーンの配色、③ひとつの色相（主調色）に支配された配色の三つがあり、これらの色の組み合わせは調和する。対比の調和とは、①同一色相で対照トーンの配色、②似た色相で対照トーンの配色、③対照・補色色相で対照トーンの配色の三つであるとするものだ（図11）。

　これを花に応用すると、となりあって植えるべき花の色の調和が効果的に醸しだされる。

　マンステッド・ハウスのキッチン・ガーデンの南にあるボーダー花壇を**耐寒性のある植物**でつくろうと構想しているとき、はじめて彼女は具体的に色彩理論を使った。色の配列はまさに「類似色の調和」と「対比の調和」にもとづいて計画され、春、夏、秋にまで長続きするよう構想されている。たとえば赤に割りあてられた場所は、五月、六月にはオリエンタル・ポピーが咲き、秋には緋色のグラディオラスが咲く。そのあいだの季節には、シャグマユリがうめるといった具合である。日差しのある場所には明るい色、陰にな

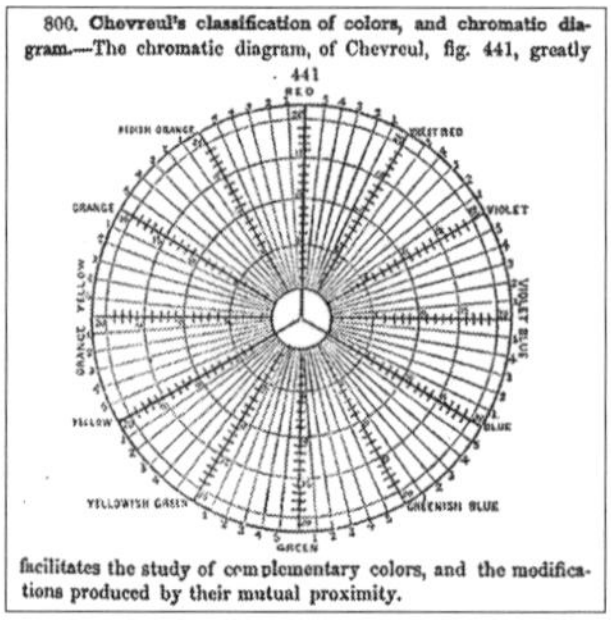

図11　シュヴルールの考案した色相環図

耐寒性のある植物
ヴィクトリア朝に好まれた植物は多くが一年草でイギリスの冬を越えられなかったが、ガートルードは一時期ではなく長くながめられる花壇をつくろうとしていた。

るところにはもっとデリケートな寒色系、縁どりには銀灰色の植物を植えるのがガートルードの好みだった（図12）。

ヴィクトリア朝に流行した花の花壇は、派手やかな色を対比させるように植えることが多かったが、ガートルードの色のセンスはまったく逆でハーモニーとグラデーションを重んじた。一年草をしょっちゅう植えかえるのではなく、多年草を植えてあとはほとんど放置して色の移り変わりを楽しむのがガートルードのやり方で、これもまた当時の流行の「ガーデネスク」の整形庭園とは逆のやり方であった。

彼女が花の色彩にどんなに気を配っていたかが、本書にはよく表れている。たとえば、「八月のボーダー花壇」という章には、このような記述がある。

> 青と紫の色を花のボーダー花壇で両方使うためには、ひんやりした西側の灰色の葉が茂る端に青の花を、いちばん離れた東の端に紫の花をおきます。というのは、私はふつう、色を対比よりは調和させてもちいるのが好きなのですが、青と紫をとなりあわせに配置するのは嫌いなのです。ということで、こちらの端には純粋な青、つまりデルフィニウム（ヒエンソウ）、アンチューサ、サルヴィア、ブルー・ケープ・デイジー、ロベリアを植え、淡い青灰色《ブルー・グレイ》のカンパニュラ・ラクティフローラですら、青のメインとなるデルフィニウムとアンチューサの群れがおわったところでないと植えませ

A DETAIL OF THE GREY SEPTEMBER GARDEN. PERENNIAL ASTERS AND WHITE CHINA ASTER MAMMOTH IN FRONT.

図12　「9月のグレイの庭、多年性アスターと白のチャイナ・アスター」（『花の庭の色彩計画』より）

ん。そしてまんなかちかくには、クレマティス・ダヴィディアーナの淡い青灰色《ブルー・グレイ》をおきますが、二、三の花が見えるだけですっかり姿が見えないようにしておきます。
　さて、青とグレイのあとで、目に安らぎと新鮮さをあたえてくれるのは淡い黄色のアフリカン・マリゴールドです。（中略）マリゴールドはこの淡い黄色とオレンジ色のだけを使います。そのあいだのあざやかな黄色のマリゴールドは、私の目にはなじまない感じがするので避け、ほかの植物で同じ濃い黄色のものを選びました。うしろ側には白と淡い黄色のタチアオイ、ハイビスカスを植え、どんどん黄色があざやかになっていく過程で、この場所の色がおわることを示します。タチアオイにはオオハンゴンソウを混ぜて植えますが、これは綺麗な色が長持ちするのでさまざまな用途に使えます。

　このあとヒマワリの植え方が続き、色彩はカンナを配置するところで赤を主調とする部分に入る。しかもこのもっともあざやかな赤の花の群れのなかに、宿根カスミソウをところどころに植え、グレイがかった霧のようなその花でもってあざやかな色にところどころ中断を加え、絵画的な効果をあげるというところが、ガートルードの特徴であった。そのうえ、カスミソウが枯れる月末ごろになったら、その部分にナスターチウムを植えて一部おおいか

図13　ボーダー花壇のあいだの道（『いくつかのイギリスの庭』ジョージ・エルグッド挿絵より）

ぶさるようにする、というふうに、開花時期を考えて調整する方法も書かれている。

ガートルードは淡いソフトな色を好んだような印象があるが、じつは鮮明でいきいきした色に官能的なまでの魅力を感じていた。すべてはとりあわせの妙だったのである。有名なボーダー花壇もおさえた色からはじまり、まんなかにくるにつれ、しだいに華やかな色が配置され映えるように植えられている。花だけではなく緑や銀色の葉をとりあわせて、花の色のあいだの対比をやわらげたり、スパイスをきかせたりといった絵画的効果がなによりも見せどころだった（図13）。

こうした色彩計画をもとに植栽を決めていくやり方は、二〇世紀の造園に大きな影響をあたえた。シシングハースト・カースルの庭園をつくった女性庭園家、**ヴィタ・サックヴィル＝ウェスト**はとりわけこのやり方をとりいれた。彼女はガートルードの配色に改良を加え、独自の効果をあげることに成功した。彼女がつくった白い花と白い葉だけで構成された「ホワイト・ガーデン」は世界的に有名である。

その後のイギリスの庭園は、こうした配色のセンスなしにつくられることはない。ほんの小さな植えこみや植木鉢の寄せ植えにすら、また、多様な花をたばねてつくる花束の配色にも、ガートルードの提唱した配色の応用は広く使われるようになる。

ヴィタ・サックヴィル＝ウェスト
Vita Sackville-West
一八九二—一九六二。詩人、作家。ヴァージニア・ウルフの友人で彼女の作品『オーランドー』（一九二八）の主人公のモデル。エリザベス朝の廃屋だったシシングハースト・カースルを入手し庭園づくりを手がけた（79ページのコラム5参照）。

マンステッド・ピルグリムたち

整形庭園であれ、そうでなかれ、自然から学ぶこと。それがガートルードの長い経験から得たガーデニングの極意であった。実際に庭をつくるだけでなく雑誌に絶え間なく意見をのせることで、ガートルードの庭の理論は園芸家や造園家の注目を集めた。キュー・ガーデンズの園長で植物学者でもありコレクターでもあったジョゼフ・フッカー、ファーナムのシャクナゲ園を先駆けてつくったハリー・マングルス、学識ある植物学者のC・ウォリー・ドット牧師などがその例である。そのなかに注目すべき女性がひとりいた。**マリア・テレサ・アール**、ガートルードより七歳年上で、サウス・ケンジントン美術学校にかよい、インテリアデコレーションから庭づくりに入ったという、似たような経歴の女性である。直接の知りあいではなかったが、ふたりはだんだんちかづいていくことになる。また、園芸家のエドワード・ウッドオールはマンステッド・ハウスに滞在するほど親しい仲となりガートルードとはユッカについての愛を語りあった。ガートルードはアルジェへの旅以来、ユッカを好んで植栽に使っており、ウッドオールはスカーバラとニースの庭でユッカを植えて楽しんでいたのである。

『ガーデン』誌に絵を描いていた植物画家のヘンリー・ムーン、レディ・トラベラーでキュー・ガーデンズにエキゾチックな植物画のコレクションをの

マリア・テレサ・アール
アールについては第4章でくわしく述べる。

こしたマリアンヌ・ノースも　マンステッド・ハウスにやってきた。ウィリアム・ロビンソンをのぞけばすべては一九世紀の後半、庭園史に大きく貢献したアマチュアの好事家たちであった。彼らは「マンステッド・ピルグリム」とよばれた。

　アルジェリアで知りあった人々とのつきあいは続いており、白いアルジェリア・ペチコートスイセンなど、北アフリカの植物はふんだんにとどけられた。キュー・ガーデンズとやりとりすることも多く、アジアンタム羊歯を送ったかわりにベンケイソウがほしいと手紙を送ったりしている。「マンステッド・ホワイト」というセイヨウオダマキ（図14）の一種など園芸種をつくりだすこともしていた。彼女の名前や、マンステッドの名前を冠した**改良種**は三〇種ちかくある。

図14　セイヨウオダマキ

改良種
改良種については巻末資料「ジーキルが改良した草花」を参照。

自らの家と庭を求めて

　マンステッド・ハウスにこうして人々が集まり、庭と園芸の仕事がふえてくると、そろそろ四〇歳にちかづいたガートルードも母とは独立した家と仕事場と庭が必要だと感じはじめていた。結果、マンステッド・ハウスの北側に隣接した一五エーカーくらいの三角形の土地を購入し、そこに家を建てることに決めたのであった。ハリエニシダとヒースの野、ヒイラギとブナとマツとトチノキが茂る森からなる砂地の土地であった。ついにガートルードは自分自身の土地を手に入れたのである（図15）。

ウィリアム・ロビンソンの新しい本『イギリスの花の庭園』が一八八五年の末に出版されベストセラーになったが、そのなかでガートルードは色彩についての章を担当していた。彼女のほかに四人の女性が執筆していたことも注目に値する。この時代にならなければ女性のガーデナーは登場しない。ガートルードは先駆者のひとりであった。

新しい自分の庭にとりかかるまえに、冬のあいだガートルードは旧友のグラントリー卿未亡人から誘われ、カプリ島にでかけた。そこでも植物採集にはげみ、ロビンソンやキュー・ガーデンズに苗を送った。ナポリでブルメンタール夫妻と合流し、ともにローマ、フィレンツェ、アラッシオ、ジェノヴァに足をのばし、フランスでアミアンの大聖堂を見てから帰国した。中世とゴシックにかえるというのは、ラスキンの使徒として欠かせない義務である。

ガートルードの工芸品や庭づくりの技術は引きも切らず要請があり、ウェールズのホーリーヘッドに住む

『イギリスの花の庭園』
William Robinson. *English Flower Gardens*. 1885.

図15　マンステッド・ウッドの植生図（『ちいさなカントリーハウスのための庭』より）

ジェイン・ヘンリエッタ・アディーンの庭づくりの注文を受けたこともある。このときガートルードはウェールズ地方の土地性を考慮に入れて庭づくりにとりくむ。また、マンチェスターのオーケル氏のプランを請け負ったときには、はじめて風景式庭園をつくることになった。

本からの知識はもちろんだが、ガートルードはじかに専門家から意見をきくことも躊躇しなかった。新しくとりくむ自分の家の素材についてラスキンにアドバイスを求め、ダービシャーの黒とグレイのライムストーンはどうかとすすめられている。同じころ住処を探していたウィリアム・ロビンソンは、サセックスにあるエリザベス朝の屋敷を購入し、ふたりはわりあい近くで庭づくりにかかることになった。

またこの年ガートルードはカメラを購入して写真撮影をはじめ、庭や植物の記録のために使うようになった。彼女の写真は、年代順に六冊のアルバムにのこされている。絵入りの日記のように写真にはユーモラスな文章が添えられており、彼女の毎日の暮らし、観察、出来事、ネコのようす（ガートルードは大のネコ好きだった）などが見てとれる。一年のうちに彼女は写真の腕をあげ、一人前になった（図16）。

彼女ののこした種々の作品から、画家としては二流であるが工芸家としては腕がたしかで、ガーデナーとしては独自の才があったことがわかる。自分がなにに向いているかは自ら承知していたはずで、望んで純粋な芸術家とし

図16　ジーキル家のネコ（『家と庭』より）

てではなく、美術と庭づくりを結びつけるという方向性を目指すようになったことは明らかである。もっとも庭づくりに専念するかたわら、このあとも工芸品をつくるのもやめなかったし、プリムローズの種をとり品種改良にもとりくんでいたのは、もっとはやい時期のことであった。「マンステッド・ピルグリム」の人々はどんどんふえるいっぽうであった。なまけているのが苦手でいつもいそがしくしているガートルードは、社交一般は好きではなかったが、知識のある人々と意見交換することは常に歓迎しており、博物学者のアルフレッド・ラッセル・ウォレスや遺伝学者フランシス・ゴールトンもやってきた。

　いっぽう、ガートルードは自らの家と庭になる土地の観察と下地の準備にとりかかり、写真を撮って記録していた。メガネをかけ、地味な服装でしっかりとした靴をはいたおなじみの姿で、周囲の土地を歩いているところが毎日のように目撃された（図17）。

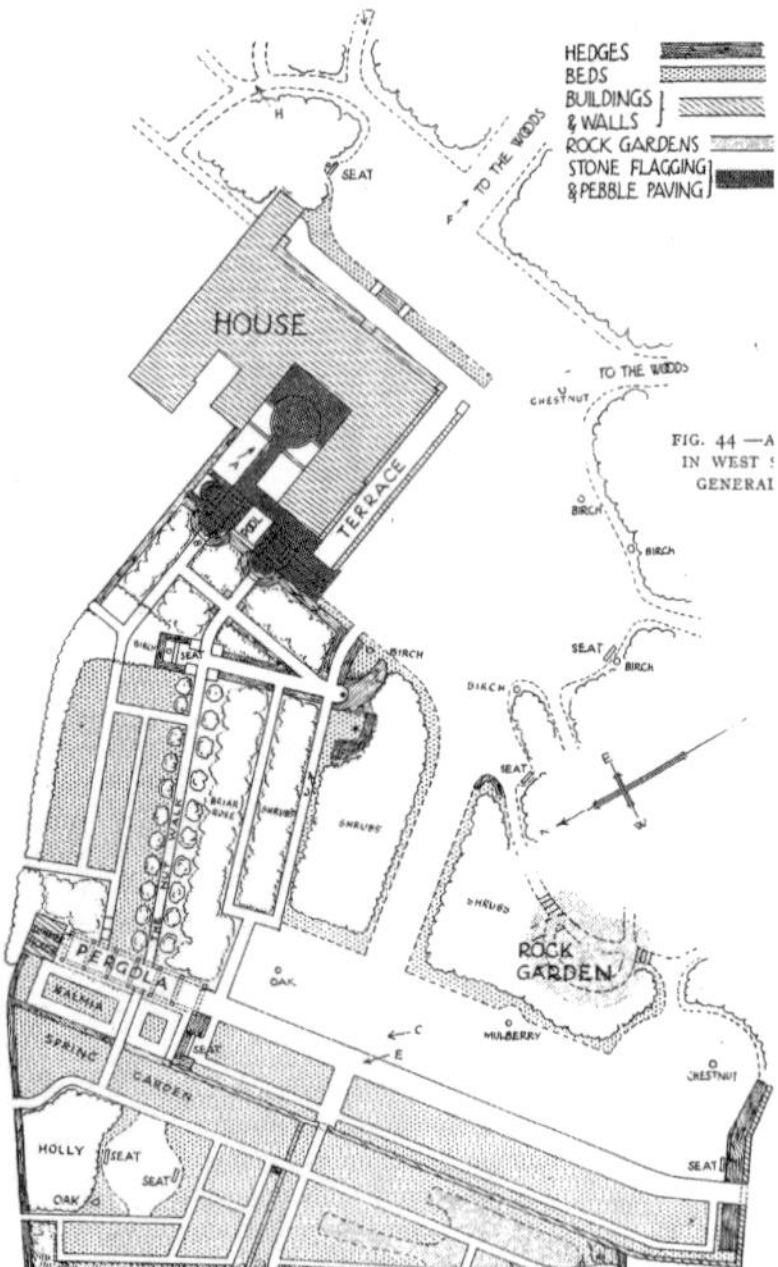

図17　マンステッド・ウッドの家と庭の設計図（『ちいさなカントリーハウスのための庭』より）

ラッチェンスとの出会い

もしもガートルードが五〇歳で亡くなっていたとしたら、たしかにその世代の女性のなかでは目立った足跡をのこしたといえただろうが、歴史にのこる庭園家としては記憶されなかったであろう、と伝記の著者、サリー・フェスティングは述べている。そもそも不屈のエネルギーをそなえていたガートルードが粘り強く勤勉に仕事にときを費やし、信じられないほどの生産性をあげるのは、彼女がエドウィン・ラッチェンスという建築家に出会ってからのことだからである。

一九歳のかけだしの建築家エドウィン・ラッチェンスをガートルードに紹介したのは、彼女の庭友達、サースレイに住むハリー・マングルスだったが、これがこのあと彼女の生涯通じての仕事仲間になるとは、誰が想像したであろうか。エドウィン・ラッチェンスはガートルードの第一印象を、お出かけ着でオンドリの羽根のついた黒い帽子をかぶり、ものしずかで慎み深そうな女性だったと語っている。うしろが巻きあがり、まえは垂れた帽子のつばの下から小さな黒い目が知的に輝いていた、とも。

ネッドと愛称でよばれるようになったラッチェンスは一八六九年生まれで、軍人から画家に転身した父のもと、野原や森でもっぱら空想にふけって子ども時代をすごした少年であった。彼は木に葉が茂るように自然に絵を描くようになり、サウス・ケンジントン美術学校で学んだあと、建築事務所で短期間の実習を経て建築家として仕事をはじめたばかりであった。自然に親しんだ子ども時代、同じ美術学校の卒業という点でガートルードとは共通点があったが、なによりも土地の利をいかして家や庭を考えるという点でふたりは深く共感した。彼もまたラスキンの使徒であり、アーツ・アンド・クラフツ運動の建築家のひとりとして数えられる。

ガートルードはそのとき四六歳であった。若者の熱意は賞賛するが、バカには我慢ができず、騒音には神経質なほどうるさがたの彼女も、どこか子どもっぽいところをのこす、才能にあふれたネッドに興味を惹かれたらしい。片足をポニーカートのステップにのせ片手に手綱をもったまま、ネッドを次の土曜日、お茶に来るようマンステッドに招待した。ガートルードの人生のさまざまな決断が一度にくだされたときとなる。

マンステッドでガートルードに再会したネッドは、ほとんど見違えるところだった。家にいるときのガートルードは、全身、ブルーの服を着ていた。お出かけ用より短めのスカート、ひだをとったブラウスで、リネンのエプロンの大きなポケットには園芸用道具をつめこんでいる。庭と家を案内されたネッドは、ガートルードの母にも紹介された。ここから彼女が死ぬまで続く友情がはじまった。ネッドのガートルードに対する愛情と尊敬の念はやむことがなかった。ネッドの娘のメアリーは父の伝記のなかで、ガートルードほど父のキャリアに影響を及ぼした人はいないと断言している。

そのころ、幼いころからガートルードを苦しめていた視力の低下が著しくなってきていた。これはかならずしも不利なこととはかぎらない。彼女も自分は視力のいい人が見逃してしまうものを観察できると考えていた。だが、細かい手仕事、とくに刺繍は視力をさらに悪化させ頭痛につながった。ついにガートルードは一八九一年、ウィースバーデンの著名な眼科医に診察を受け、悪化を避けるためには絵を描くこと、刺繍をすることをやめるよう忠告されたのであった。

ネッドとの出会いが同じ年であったため、ガートルードが画家からガーデナーに転身したのは視力の悪化のせいだったという伝説が生まれたのだが、それはものごとを単純化しすぎである。事実、ガートルードはその後も絵の模写をしているし、それ以前にも庭にたずさわっていたからである。ともあれ、ネッド・ラッチェンスをパートナーとしてむかえて、本格的にマンステッド・ウッド——新しい彼女自身の家と庭の本格的な計画と工事に入っていったのはたしかだった（図18）。

ネッドとバンプスおばさん

小さいころリューマチ熱にかかって二年くらいしか学校にいかず、あまり

図18　マンステッド・ウッドの庭師用のコテージ（『ちいさなカントリーハウスのための庭』より）

男性の友達がいなかったネッドは、年上で経験豊かな女性とのつきあい方を心得ていた。彼にはたよれる自信に満ちた強い女性が必要だったのである。生涯を通じて、このシャイで心優しい青年がガートルードから受けた影響ははかりしれない。

　ネッドはごく自然な態度で彼女を惹きつけ、的確な返答をする機知をそなえており、うるさがたの彼女も無条件で受け入れることができた。ネッドは彼女のことを「バンプスおばさん、すべての球根の母（マザー・オブ・オール・バルブス）、略して妖精女王マブ」とよんでいた（図19）。

　ネッドはジーキル家の人々みんなから好かれ、毎週末の訪問を心待ちにされていた。ポニーの引く二輪馬車に並んでのった背が高くやせた黒い髪の若者と、麦わら帽子のリボンをうしろに流した学校の先生みたいな初老のレディは、見るからに奇妙なとりあわせだったが、ふたりはそうしてサリー州やサセックスじゅうを見てまわった。古い屋敷や農場やコテージを見つけてはとまり、建築方法や材質、使われている技術などを議論しながら、森や野原をこえドライブしていった。アーツ・アンド・クラフツ運動の建築家フィリップ・ウェッブの初期建築に興味をもっていたネッドは建築学にはくわしかったが、サリー地方やサセックス地方独特の建築物や建築方式についてはガートルードの知識のほうが上であった。ガートルードから、ネッドは家と庭とそれをとりまく自然の調和を、全体としてとらえるやり方を教わったのである。

図19　エドウィン・ラッチェンスが描いた戯画、バンプスおばさんヒマワリを植える

ウェスト・サリーには、ラスキンが讃えたような古くからのイギリスの材料を使った美しい建物がふんだんにあって、ふたりはそれを見てまわり記録し、ガートルードは写真を撮った（図20）。

　ふたりは個人主義で、エネルギッシュで、野心家で、決断力があり、同じくらい仕事熱心だったし、ガートルードはネッドと同じくらいいたずら好きでユーモアをもちあわせていた。ガートルードは、とりわけ中年になってから引きこもりがちで人づきあいが悪くなっていたし、仕事と人生が一体化したような生活を送っていたため、他人に介入されるのを非常に嫌っていた。ネッドはガートルードの気質を知りぬいており、母のように支えてくれ信じてくれる彼女のいたずら好きで愛情深く繊細な人柄を理解していた。

　ふたりは共同で仕事をはじめ、ガートルードの昔なじみのスーザン・ミュア・マッケンジーの、ギルフォードにある隠れ家的なカントリー・ハウスを手がけた。パブリックスクールにも大学にもいっていないというのは、ネッドのキャリアにとっての弱点であり、仕事の依頼が入るうえでの知りあいがなかったのだが、ジーキル家はラッチェンス家より社会的

図20　マンステッド・ウッドの屋敷全景

な影響力が強かった。ガートルードは積極的に彼に知人を紹介し仕事の依頼をとりつけた。多くは彼女が庭を請け負ったところの建築物であった。しだいにネッドが家を、ガートルードが庭をつくるというのがラッチェンス／ジーキル様式とよばれ、当時の裕福な中流階級の人々のあいだでは、あこがれの的となった。

チェニーズ・ガーデン

一〇代目ベッドフォード伯が亡くなったあと、彼の妻のアデリーンのためにチェニーズにある邸宅の庭を手がけたのは、現在ものこっているラッチェンス／ジーキルの庭園の初期の典型的な例のひとつである。豊かに草の茂る牧草地、ブナの林とブルーベルが咲く野原を背景に、美しい邸宅が丘の北の端に建っていた。シンプルな中心線がテラスからチェス川に向かっておりてゆき、家と芝生と花壇と川向こうの土地をひと続きに連ねる。イチイの分厚い垣根が彫刻めいてイタリア的な雰囲気をただよわせる。

石づくりの日時計があり、ジャコビアン風の石のあずまやには、つるバラとクレマティスがからんでいる。石づくりの建物に植物をはわせて、その雰囲気をやわらげるというのは、ジーキルのいつものやり方であった。彼女はアルジェリアで見たバラとスイカズラがからむパーゴラ、イタリアの庭のブドウやバラ、フジの蔓をはわせた香り高いあずまやや木の幹を愛した。もともとはこの八角形のあずまやの下には池があった。これもラッチェンス／ジーキルの好みのスタイルである。のちにバラの葉をいためないよう、池は干され彫刻が建てられた。この庭園は、一九九九年の『トムは真夜中の庭で』の映画（本邦未公開）の舞台に使われている。

　さまざまな植物を植えこんだボーダー（境栽）花壇は、ジーキルの庭のもっとも特徴的な要素のひとつである。ボーダー花壇とは、多くはレンガ塀に沿った、細長い花壇に複数の植物を植えていく手法で、道に近いところは丈の低い植物、奥にいくほど丈の高い植物を植えるレイアウトをとる。これはガートルードが発明したわけではないが、彼女によってとくに有名になったスタイルでマンステッド・ハウスにもあり、洗練された色彩のとりあわせが見事な例である。「チェニーズ」では、ラムズイヤー、シルバーセージ、ヤグルマソウ、オオヒレアザミ、野生アーティチョーク、ラベンダー、キャットミントなどの銀灰色系のやわらかな色合いが寄せ植えになっていて、濃い緑のイチイの並木に囲まれている。このグレイの繊細な色をよせあつめたボーダー花壇は、あざやかさが特徴のヴィクトリア朝の庭に見慣れた人にとっては衝撃的であったにちがいない。チェス川の支流に小さな橋がかかっていて、水辺の庭を演出、クリスマスローズとゼラニウム、ヒマラヤユキノシタがここでも心安らぐ調和した色味を醸しだしている。

マンステッド・ウッドの設計

周到に準備を重ね、マンステッド・ウッドに我が家とその庭を計画するにあたって、ガートルードはまずふたつのコテージをラッチェンスに設計させ、建てることにした。ひとつは庭師頭のため、もうひとつの「小屋」は自分が引っ越すまでに住むためである。庭師頭として彼女が招いたのは、ブルメンタール夫妻のスイスの別荘で雇われていたアルバート・ザンバックである。妻と子どもたちをよびよせ、ザンバックはその後三〇年以上にわたってマンステッド・ウッドの庭師の指揮をとることになる（図21）。

「小屋」は居心地がよく花にとりまかれた住処で、ガートルードはとても気に入っていた。イチイのトンネルをくぐってレンガの小道が玄関へと続き、大きな屋根、レンガの床、白塗りの壁、オークの梁の二階建てで、シンプルで実質的、非常にアーツ・アンド・クラフツ的な建物である。「冬の夜、大きな丸太が暖炉で燃え、あつい**エルダーベリー・ワイン**が準備され、割るばかりになったくるみ、ベンチに座ったり、暖炉に向かいあったりしている仲間と談笑する……居心地がよくこじんまりとしたあたたかい場所」とガートルードは書きしるしている。そのような仲間にはネッドと、その妻となるエミリーが含まれていた

図21　マンステッド・ウッドの庭師用コテージ、サンダーハウス

エルダーベリー・ワイン
エルダー（セイヨウニワトコ）の実でつくったワイン。よく自家製でつくる。

だろう（図22）。

庭もコテージ・ガーデン仕様が基本だった。チャイナ・ローズ、シダ、ラベンダー、シャクヤクなどがツゲの木で縁どった花壇に咲き乱れ、さらにその上にはガートルードお気に入りのハイブリッド・マスクローズが枝を伸ばす。背の高いタチアオイの群れ。手づくりで世の中を住み心地よく変えていこうというアーツ・アンド・クラフツの夢をかなえるような、シンプルな庭と家である（図23）。

一八九五年、ガートルードの母が亡くなり、マンステッド・ハウスは弟のハーバートのものになった。彼は妻のアグネス、一三歳のフランシス、八歳のバーバラ、六歳のパメラとともにマンステッド・ハウスに住まうようになり、ガートルードと頻繁に行き来するようになる。

ネッドが最初に構想した家はスペイン風で、ガートルードはあまり気に入らなかったが、二度目の計画はまるで彼女のもつイメージを引きだしたかのようにぴったりで、思い描いた、けれども彼女には描けなかったものが手に入る、と彼女はよろこんだ（図24）。すでにふたりは共同で八つの庭園、ふたつのコテージを手がけていた。仲間となっていたのである。タイルの屋根、レンガの煙突、切妻、オークの枠のある開き窓がついた、明るい茶色の建物が構想された（図25、26）。道から二〇〇ヤード離れたところに慎ましく鎮座し、玄関まで続く小道は、あたかも森のなかへ入っていくような趣があった。

図22　マンステッド・ウッドの家のなか、暖炉のまえ

図23　濃淡のフロックス（『いくつかのイギリスの庭』ジョージ・エルグッド挿絵より）

図24　マンステッド・ウッドの遠景

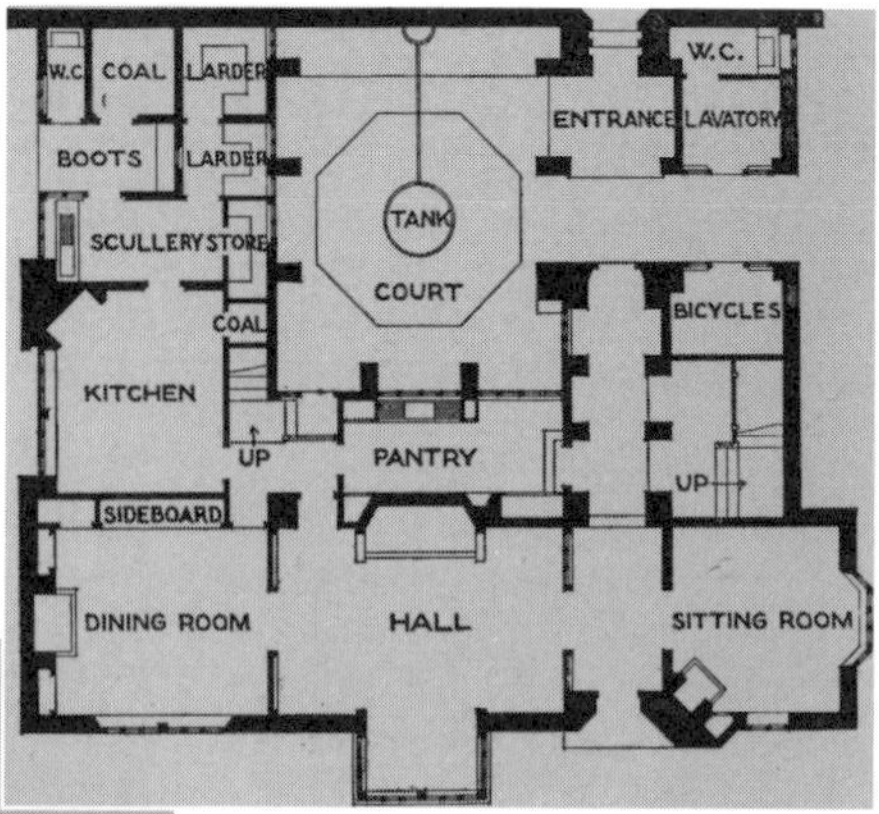

図25　ラッチェンスが描いたマンステッド・ウッドの内部見取り図①

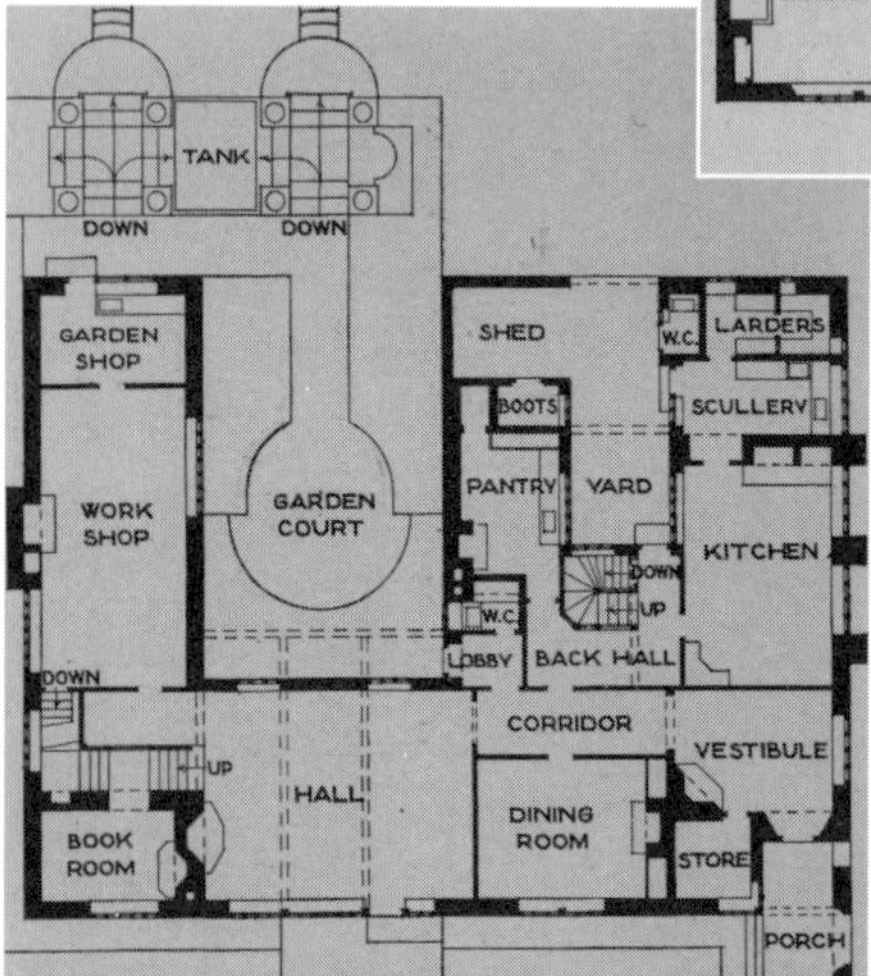

図26　ラッチェンスが描いたマンステッド・ウッドの内部見取り図②

理想の家を求めて

ヴィクトリア朝の家は実用的でどの人にとっても心地よく趣味のよさを思わせるものであるべきだとされていたが、ガートルードにとっての家は彼女の個性の表れであり、彼女の興味と活動のためにかたちづくられたものであり、究極の自己表現ですらあった。どんな小さなことにも妥協を許さず、自分の好みを押しとおし、ネッドと議論をたたかわせた。マンステッド・ウッドが建つ場所からほんの八〇ヤードのところにある「小屋」に住んでいた彼女は、わくわくしながら建築が進むのを飽きずに見守った。年季が入った道具を使う熟練した職人の仕事を見るのは、彼女にとって至上のよろこびで、地面を掘ったり区画整理をしたりする作業ですら目を離せないほどだった。

偽物を嫌ったガートルードは、古く見せかけた大量生産品の偽アンティークなどけっして許さなかったので、マンステッド・ウッドのどんな家具も建築材もサリー州で伝統的につくられてきたままの様式で、地元の素材でつくることにこだわった。壁紙は貼らず白塗りのまま、床はむきだしの板製で、モダンな改良などはいっさいおこなわず、手づくりのものしか使わなかった（図27、28）。実用性と耐久性はグッド・デザインのしるしである、風景と完壁に調和することが第一義である、といったガートルードの姿勢はこの家に最大限にいかされた。「あたかも土からはえてきたかのように、そこに住む

図27　マンステッド・ウッドのなか、階段

図28　マンステッド・ウッドのなかの家具、ラッチェンスがつくったベンチ

人の生活に根差すように」というウィリアム・モリスのことばどおりの住処であった。

ネッドの恋

ハイドパークゲイトでブルメンタール夫妻がひらいたパーティに、**バーバラ・ウェッブ**のおともをして出かけたネッドは、そこで金髪の少女に出会って恋に落ちた。エミリー・リットン、インド提督をつとめた**ロバート・ブルワー=リットン**の息女であった。あまりの高嶺の花に焦がれたネッドは、自分の恋が片思いであると考えていたが、このシンデレラ・ボーイにはバーバラ・ウェッブとガートルード・ジーキルというフェアリー・ゴッドマザーがいたのである。まもなくネッドはマンステッドの「小屋」でガートルードとエミリーと食事することになり、ふたりの仲は急速に進展した。チョップと**ティプシー・ケーキ**とあついエルダーベリー・ワインの質素な食事とガートルードのあたたかいもてなし、暖炉のまえにむらがるネコと子ネコたちに、エミリーは天国のようなすばらしい夕べだと感動した（図29）。

やがてガートルードとも仲良しになったエミリーはネッドと結婚する。伯爵令嬢の夫にふさわしいキャリアは、ふたりのフェアリー・ゴッドマザーが準備してくれたものだった。ネッドはエミリーよりガートルードのほうに新

図29　マンステッド・ウッドのなか、ホール・パーラー

バーバラ・ウェッブ
フィリップ・ウェッブの妻でネッドの顧客。

ロバート・ブルワー=リットン
第二代リットン男爵であり初代リットン伯爵。

居の相談をもちかけ、バンプスおばさんは最高のアドバイザーとなった。

気むずかしいので有名なウィリアム・ロビンソンも、ガートルードが縁を結んでネッドに紹介したひとりだったし、ルイーズ王女もそうだった。だが王女がネッドの時間を浪費しているとのうわさをきくや否や、ガートルードは王女に向かって遠慮なく説教したという。ガートルードのネッドに対する愛情にはやや過保護なところがあったようだ。

ティプシー・ケーキ
お酒をたっぷりしみこませたケーキ。

庭園家の本拠地

一八九七年、ようやくマンステッド・ウッドが完成し、ガートルードは「小屋」を離れ新居に引っ越した。ガートルードにとっては終の棲家にしてこのあと三五年間の仕事の基地となるところ、そして二七歳のネッドにとっては記念すべきキャリアの大きな前進であった（図30）。

記念すべき年にもうひとつの記録すべきことがおこる。ヴィクトリア女王在位六〇周年を記念して、英国王立園芸協会（ＲＨＳ）は最高栄誉賞ヴィクトリア・メダル・オブ・オナーを六〇人の著名な庭園家にあたえることとなった。このうち女性はたったふたり。**エレン・ウィルモット**とともにガートルードは女性受賞者として選ばれたのである。ガートルードはエレンが一五歳のときからの知りあいであった。このときエレンは外国にいて不在で、授

図30　マンステッド・ウッドのスケッチ

賞式に出た女性はガートルードのみであった。

メダルの授与式は華々しくおこなわれ、たったひとりの女性受賞者は、「スペード（鍬）の女王」とよばれるべきだと報道され、ネッドにはじめて会ったときにかぶっていた黒の帽子姿で、ガートルードは集合写真に写っている。

エレン・ウィルモット
Ellen Willmott
一八五八―一九三四。英国王立園芸協会のメンバーで園芸家。たくさんの品種をつくりだした。第4章でくわしく述べる。

コラム3

英国王立園芸協会（RHS　ロイヤル・ホリカルチャー・ソサエティ）

一八〇四年にロンドンで設立されたロンドン園芸協会を前身とする学会で、ヨーロッパにおける園芸とガーデニングの奨励のための慈善団体である。フラワー・ショウの開催や、モデルガーデンの公開などをおこなっている。

一八六一年、ヴィクトリア女王の夫アルバート公によって王室特許を授けられたため、ロイヤル・ホリカルチャー・ソサエティの名がある。

協会の設立にかかわったのは、ジョン・ウェッジウッド。チャールズ・ダーウィンの叔父にあたり、陶芸家ジョサイア・ウェッジウッドの息子である。彼は会員の活動と発見の報告の機会を提供し、議論をうながすための定期会議をひらきたいと考え園芸協会をつくったのである。

一八〇四年に最初の会合をひらいたとき、会員は七人で、英国学士院総裁を長らくつとめる学会の大立者でキュー・ガーデンズの園長ジョゼフ・バンクス、研究者トーマス・ナイト、宮殿の庭園の監督をつとめるウィリアム・フォーサイス、キュー・ガーデンズの監督をつとめるウィリアム・タウンゼント・エイトンなど、庭園界の大物がつどった。場所はピカデリーの老舗の書店、ハッチャーズであった。

協会のもうひとつの大きな目的は、新種の植物を導入することとそのために外国へプラントハンターを派遣し、調査と蒐集をうながすことだった。協会はキュー・ガーデンズとも共同でこの派遣事業に着手した。

最初にこの協会の名前を冠した庭園は、一八一八年から二二年までケンジントンにあった。また二一年、チジックに実験庭園をつくり、ジョセフ・パクストンを雇用した。彼はキュー・ガーデンズの温室にも貢献した人物である。

現在、ＲＨＳの名をもつ庭園は四つある。サリー州のウィズリー・ガーデン、デヴォン州のローズムーア・ガーデン、エセックス州のハイド・ホール・ガーデン、ノース・ヨークシャー州のハーロウ・カー・ガーデンである。これらはそれぞれ持ち主であった貴族や地主から寄付されたものである。

ガートルード・ジーキルはＲＨＳからヴィクトリア・メダルを授与されたはじめての女性のひとりであり、その後もいろいろなかたちでかかわりを続けた。

チェルシー・フラワー・ショウは、ＲＨＳが主催し、毎年五月にチェルシーで開催されるガーデン・ショウで、グレート・スプリング・ショウというのが正式名。イギリスにはほかにもいろいろなガーデン・ショウがあるがもっとも有名なのがこれである。

一八六二年にはじめておこなわれたときには、ケンジントンのＲＨＳ庭園でおこなわれたが、一九一三年からはチェルシーにあるチェルシー王立病院の敷地でおこなわれるようになった。二〇世紀後半からどんどん人気が増し、現在は毎年一五万七〇〇〇人が見物にやってくる。開催期間は四、五日間で、チケットは事前に購入する必要がある。最初の二日間はＲＨＳのメンバーのみの参加を許す。各部門ごとにゴールド、シルバー・ギルト、シルバー、ブロンズの賞があたえられる。イギリス王室はＲＨＳへの後援のしるしとして毎年準備段階で下見におとずれることになっている。

コラム4
キュー・ガーデンズ

ロンドンの南西に位置する王立植物園キュー・ガーデンズは、一七五九年、宮殿の併設庭園として、オーガスタ皇太子妃がつくらせたもので、面積一二一ヘクタールに及ぶ広大な庭園である。その息子、ジョージ三世はキューにある館を私邸としてさらに拡張、庭園の植物園としての発展に寄与した。現在、年に一三五万人がおとずれる観光地であり、世界最高水準の植物学の研究組織でもあり、最大の植物コレクションと標本を所有する場として有名である。

そもそもキュー、および隣接するリッチモンド地区は、一八世紀のハノーヴァー朝時代に急激な発展をとげ、王室の別邸がつくられて有名になった。とりわけジョージ二世はリッチモンド・ロッジとリッチモンド・ガーデンを愛好し、敷地をとなりのキュー地区にまで拡大した。その長男、フレデリック皇太子もこの地区の自然を愛し、妻のオーガスタともど

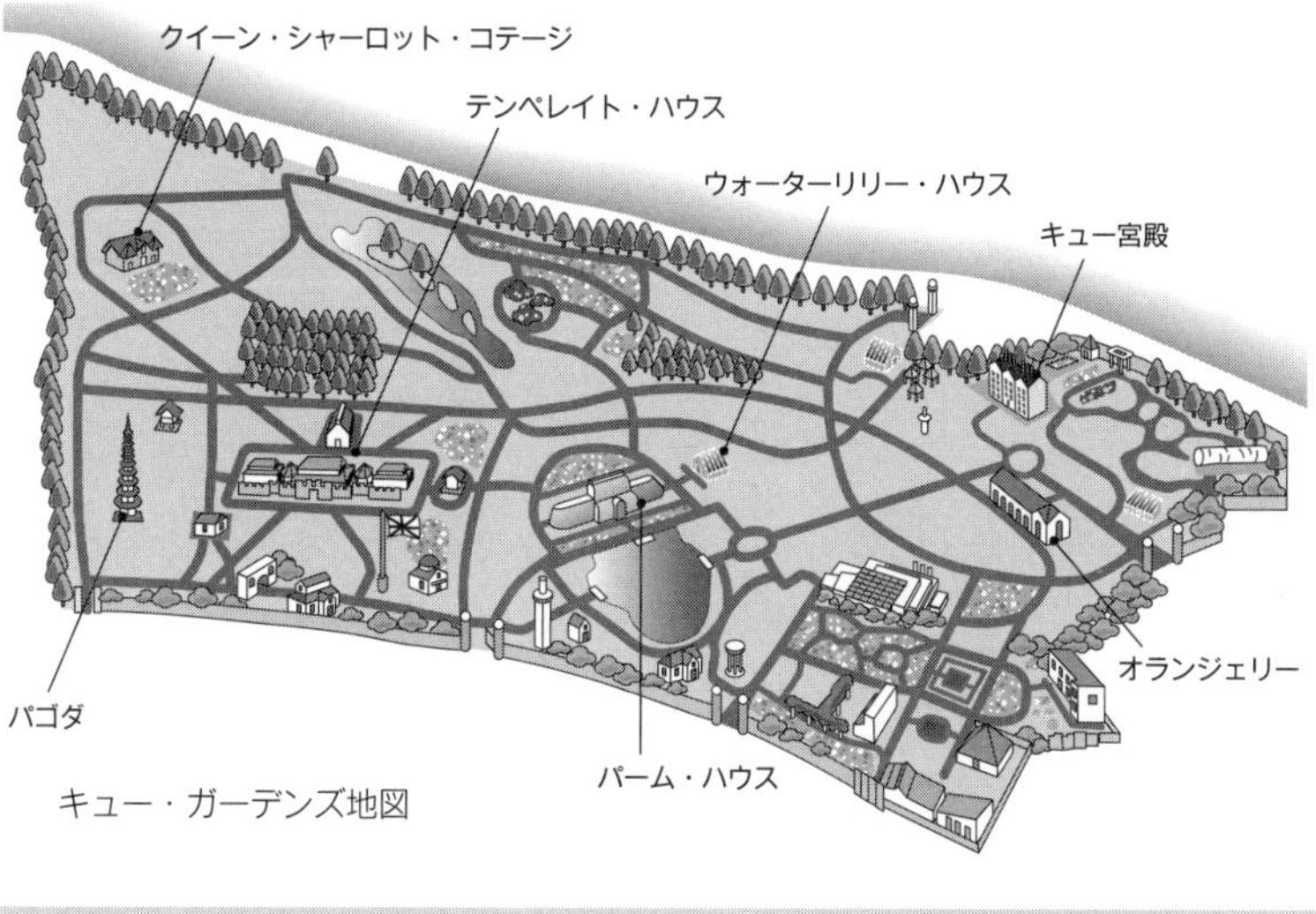

キュー・ガーデンズ地図

も多くの植物を率先して植え、栽培した。この皇太子は即位することなく亡くなったが、オーガスタ皇太子妃はその遺志を継いでキュー・ガーデンズの充実に熱意をかたむけ、拡大と整備につとめた。

皇太子妃は植物自体にも非常に関心が深く、キュー・パークにあったテュークスベリ卿ヘンリーがつくっていた熱帯植物園を拡大し、キュー・ガーデンズを「植物園」として完成させるため、ジョゼフ・バンクスを初代の植物園長に任命した。彼はコレクターとして知られており、王立学士院総裁として議会に信任があつく、皇太子妃亡きあとも、キュー・ガーデンズのあり方、経費の確保、ガーデナーやコレクターの雇用などに力をつくした。日本から中国を経てアジサイをもたらしたのは彼である。キュー・ガーデンズはこうしてリッチモンドとキューにあった領地や庭園を合併してかたちをなしていく。キャプテン・クックの探検旅行につきしたがったこともあるバンクスは、彼の情報網を駆使して全世界からめずらしい植物を集め、植民地各所に植物園の支部をおき、キュー・ガーデンズは世界の植物ネットワークの中心となったのである。

一七五九年、それまでテムズ川を船でいくしか道がなかったキュー地区に、キュー・ブリッジが完成し利便性が増した。オーガスタ皇太子妃の王子ジョージ三世は、リッチモンド地区にある建物を公邸としていたが、キュー宮殿をふたりの王子の養育のための私邸とし、さらに植物園の充実と拡大につとめた。バンクスとともにウィリアム・エイトンがそれを支えた。

一八四〇年、王立園芸協会とその会長、ウィリアム・キャベンディッシュの尽力により、キュー・ガーデンズは正式に王立植物園と認定された。ウィリアム・フッカー園長のもと、庭は三〇ヘクタール、プレジャー・グラウンドと森林地は一〇九ヘクタールにふえ、やがて現在の一二一ヘクタールにまで拡大した。最初のキューレーターはジョン・スミスである。

パーム・ハウスとよばれる大きな温室がつくられたのは、一八四四年から四八年にかけてで、建築家デシマス・バートンと、鉄骨建築の生みの親であるリチャード・ターナーが手がけた最初の大規模な建物で、使われているガラスはすべて手づくりである。ジョン・ラウドン、ジョセフ・パクストンがガラス技術を手がけた。パクストンはクリスタルパレスの建設で有名な技術者である。

最初のころの暖房システムはふたつの石炭ボイラーで、三三メートルの高さの巨大な煙突が立っていた。パーム・ハウスの名のとおり、さまざまな種類のヤシを栽培し、そのほかの熱帯・亜熱帯植物を育てる場所であった。

ついで一八六〇年には、パーム・ハウスの二倍の大きさのテンペレイト・ハウスがつくられた。これはヴィクトリア朝でもっとも大きな温室となるが、完成までに四〇年かかった。また、同時代には熱帯の水生植物を育てるウォーターリリー・ハウスも建てられている。ウィリアム・チェンバーズはオレンジ栽培のための温室、オランジェリーもつくったが、その目的のためには暗すぎたため、現在はレストランとして使われている。

そのほか、ヴィクトリア朝までの有名な建物には、パゴダ、クイーン・シャーロット・コテージ、キュー宮殿などがある。

パゴダは、ウィリアム・チェンバーズが一七六二年に建てた中国風の八角形の塔で、高さは五〇メートル。一〇層からなり、それぞれの層に屋根がつきだしており、タイル葺で金色のドラゴンが飾られている。塔の本体はレンガづくりで、内部には階段があるがふだん公開はされていない。ヴィクトリア朝のオリエンタリズムをよく表している。ほかには二〇世紀はじめに、京都の西本願寺の唐門のレプリカ、「日本の門」が建てられた。

クイーン・シャーロット・コテージは、ジョージ三世が妻のシャーロット妃のために建てた田舎家風の建物で、自然保存地区内にあり、自然林と野原のなかにあるようなたたずまいである。

キュー宮殿は、もともとオランダの商人サミュエル・フォートレイが一七世紀に建てた建物であり、イギリスでいちばん小さい宮殿として親しまれている。ダッチハウス（オランダ館）とよばれていたこの建物は、ジョージ三世が購入し、シャーロット妃とのふたりの息子のために宮殿につくりかえた。フレミッシュ・ボンドとよばれるレンガの積みかた、破風屋根がオランダ建築の特徴を表わしている。また、興味深いことに一九世紀の創設当初からキューには独自の警察組織があり、現在も首都警察と同等の権限を有している。

植物を栽培し展示するだけでなく、キュー・ガーデンズには美術館や博物館もあり、たとえばマリアンヌ・ノース美術館には、彼女が描いた植物画が集められ展示されている。また、押し花の標本コレクション、植物にかんする資料をおさめたライブラリー、研究施設も併設して、一八世紀から二一世紀にいたるまで、世界一のコレクションをほこる植物研究のメッカとしてありつづけている。

コラム 5

ヴィタ・サックヴィル＝ウェスト

イギリスの詩人、作家。ノルマン人の征服時代にまでさかのぼる古い名家サックヴィル家の娘として一八九二年に生まれた。父はサックヴィル男爵ライオネル。ケント州にあるノールという広大な館で育った。

ノール・ハウスはイギリスでも有数の広大な屋敷である。三六五の部屋、五二の階段、一二のエントランス、七の中庭をそなえ、カレンダー・ハウスともいわれている。一三世紀末に建てられてからカンタベリ大僧正トーマス・バウチャーはじめ、高僧の住まいだったが、一時ヘンリー八世に献上された。それを、一五六六年、エリザベス一世が又従弟のトーマス・サックヴィルに贈与して、以来、サックヴィル家の本拠地となった。だが女性に継承権はなく、ノール・ハウスは一九二八年にヴィタの従兄のものになってしまう。

ヴィタは二五歳のとき、のちに外交官となるハロルド・ニコルソンと結婚し、やはりケント州にある一四世紀の邸宅、ロングバーンを購入してそこに住んだ。この屋敷は、イギリスの活版印刷の創始者、ウィリアム・キャクストンの生家である。ここに夫妻は美しい庭園をつくって楽しんだ。

ハロルドとのあいだにふたりの息子をもうけたが、ヴィタは二八歳のとき、四歳年下の幼なじみ、ヴァイオレット・ケッペル・トレフュスと激しい恋に落ちた。いっぽうは既婚の女性、いっぽうは婚約者も決まっている妙齢の令嬢である。ふたりはフランスへ駆け落ちするという騒動をおこし、スキャンダルを巻きおこした。長身で浅黒いヴィタは男装し、ヴァイオレットを連れてホテルやレストランに現れたという。結局ふたりの同性愛関係は三年くらい続いたが、ハロルドと別れるつもりのないヴィタにヴァイオレットが愛想をつかしておわった。

　ヴィタ自身は自分の性的傾向については書きのこしていないが、二男のナイジェルは波乱に満ち、複雑で、理想主義的な両親の結婚生活を『ある結婚の肖像』（一九七三）という伝記に書きのこしている。ヴィタは、外交官になったハロルドの赴任に妻としてついていくことはせず、ひとりイギリスにとどまって小説や詩、旅行記を執筆した。しかし毎日のように彼に手紙を書き、ハロルドが帰国すればいっしょに暮らし、一度たりともヴィタの女性関係が原因で別れようという話にはならなかった。

　ヴァージニア・ウルフもまたヴィタに恋された女性であった。ふたりがはじめて出会ったとき、作家として実験的な小説『ジェイコブの部屋』（一九二二）を出したばかりだったウルフは、ヴィタより一〇歳年上で、もちろん既婚者である。ヴィタは知的で精神的な美貌をもつウルフに一目惚れしてしまい、ウルフのほうも情熱的で奔放な彼女に強く惹かれたらしい。ふたりの関係はヴィタの証言では「たった二回だけ」で、ヴィタがほかに気を移したことでおわった。

　だがウルフは、一九二八年『オーランドー』という奇想天外な小説を書いてヴィタに捧げた。ノールに住む美貌の少年、エリザベス一世に寵愛されたオーランドーが、途中女性に性転換し二〇世紀にいたるまで生きつづける三〇〇年の生涯を描いたこの物語は、ヴィタの伝記でもあり、サックヴィル家の歴史でもあり、イギリス文学史でもあると読めるが、ナイジェル・ニコルソンによると、「もっとも長くてもっとも魅力的なラヴ・レター」なのだという。そして、ほかに気を移しつつあるヴィタ

『オーランドー』初版の表紙

を引きとめようとする試みだったとも。

ヴィタとハロルドは、アマチュア庭園家としても有名である。夫妻は一九三〇年代にケント州にもうひとつの屋敷を購入した。シシングハースト・カースルである。ほとんど遺跡同様に荒れはてていたこの屋敷に手を入れ、改築し、ヴィタはここで美しい庭園をつくるのに夢中になった。ハロルドが設計し、ヴィタが植栽を担当し、整形庭園的な枠組みのなかにコテージガーデン的な要素をとりいれ、秩序とウィルダネスのほどよいバランスがはかられている。エリザベス朝の塔や掘割をいかし、小さな部屋状にまとまった小庭園が連なるかたちで、ヴィタらしいロマンティックな感性をいかしている。

ヴィタはガートルード・ジーキルの庭づくりに大きく影響を受け、繊細な色彩計画を立てて植栽を考えたが、色の好みはジーキルとは若干ちがい、白一色の「ホワイトガーデン」はその後、白の庭のブームをよんだ。古風なオールド・ローズの庭、ハーブ・ガーデンなど細やかな工夫を凝らした庭は評価が高い。

第4章　執筆と造園と

雑誌への寄稿活動

ガートルードが著述家としても大きな役割をはたしたことは見逃せない。二〇〇〇をこすメモや記事、一四冊にのぼるガーデニングについての本、依頼人とのあいだで交わされた膨大な量の手紙がのこされており、庭づくりの実践家であった彼女が、同時に非常に雄弁に自らの意見や主張を書きとめていることは注目に値する。雑誌への定期連載記事も彼女の仕事のひとつであった。

『ガーディアン・ニュースペーパー』は、英国国教会ハイチャーチ系の雑誌だったが、女性にはかなり人気の週刊誌で芸術のレビューコーナーも充実していた。たまたまガートルードの隣人でもあった編集者ダニエル・コナー・ラスベリーは、この雑誌にガーデニングのコーナーをもうけており、一八九六年、ガートルードに庭と森のことを書いてくれるよう依頼した。というわけで、ガートルードは月に二回、森や庭を歩いてメモをとり寄稿を続けた。このあたりからガートルードは自らの文才にも気づいていったにちがいない。

このころ彼女には志を同じくする友人ができる。コブナムに庭をつくったガーデン・デザイナーのマリア・テレサ・アールである。両親の反対をおしきって結婚した彼女はスープキッチンを経営し、女性の就職を促進する協会に参加する行動家であり、ラスキンの信奉者でもあった。コブナムの庭は、マンステッド・ウッドから二〇マイルのところにありマンステッド・ウッドにならってつくられた。ごく小さな庭であったが、テレサが**『サリー州の庭のポプリ』**という本を一八九七年に出版するや否や、この本は非常な人気を博し、続編が三冊次々に出版された。内容は多岐にわたり、野菜の栽培、レシピ、フラワーアレンジメント、ハーブの利用、ガーデニングの本の紹介、美術展の紹介、詩、スグリの瓶詰のつくり方からテニソン、ラスキンからじょうろのつくり方、現代における結婚からベラドンナリリーにいたるまで、まさにポプリ（雑多なもの）であった。

　ガートルードとテレサはおたがいに共通点が多く、おたがいの庭を訪問し歩きながらバラについて議論し最近の庭の動向について話しあった。しかしテレサはガートルードほどボーダー花壇にこだわらず、家、庭、風景の一体化への目配りに欠けていた。だがふたりをバンプスおばさんとTおばさんとよんでいたラッチェンス家の子どもたちは、Tおばさんのほうが寛大で包容力があることを見抜いていた。ガートルードの要求水準は非常に高く、それにくらべるとテレサは常識的で人間的だったといえる。テレサは著作のなか

『サリー州の庭のポプリ』
Maria Theresa Earle. *Pot-pourri from a Surrey Garden*. 1897.

でガートルードの記事を非常に高く評価し本としての出版をまち望んだ。それが『森と庭』（一八九九）である（図1）。

初期の著作

『森と庭』の三分の二は『ガーディアン・ニュースペーパー』にのった記事がもとになっている。六五に及ぶ自作のイラストは、庭の設計図、フラワーアレンジメント、自らがデザインした壺などを描いたものだ。流暢で抑制のきいた散文でシンプルな生き方を説いたこの本は、ただちに大成功をおさめ年内で六刷、一〇版まで版を重ね、一万三〇〇〇部売れた。

　実用性と詩的イマジネーションが完璧に結びついた傑作と称賛されたこの本に、ガートルード自身もかなり満足していたようだ。本全体にみなぎるメッセージは、ひとはみな偉大なる自然の美と力から学べ、というものである。いったんこの本が成功すると、出版社も読者も次々と続きを求めた。執筆活動は時間とエネルギーを要しプライバシーを侵害するもので、彼女自身「たいへん疲れる」と述べているが、一九〇〇年には『家と庭』が上梓される。

　この最初の二冊はとくに彼女の書きもののなかでもパーソナルな色合いが濃い。だが聖域であるマンステッド・ウッドに、熱狂的で、しかしナイーヴな、招かれざる客が押しよせ、神経質なガートルードをイライラさせた。彼

図1　石と植物の調和（『森と庭』より）

女はとくに騒音が苦手で、もともと視力が悪いため頭痛をおこしやすかった。

　頑固な完璧主義で教条的なところのあるガートルードは、アドバイスを求められ教えるのは好きだったが、バカには我慢がならなかったし、それを率直に口に出した。たとえば、どんな花を植えるのがおすすめですか、などという質問はナンセンスだった。どこに植えるのか、その土地の土壌は、もともとの植生は、気候はどうなのか、それがわからなければアドバイスなどできない。郵便で土を送らせることもあった。

　彼女は階級については保守的であり、一般大衆に対し見下すところがあった。自分が生まれつき、育てられた地主階級のかぎられた世界のなかで活動し、ついぞ社会制度についての新しい考え方になじむことがなかったのである。サリー州の職人たちの技術や、古き昔風のコテージの暮らしにあれほど感銘を受け、それを維持し保存することを提唱しつつ、彼女の目線はやはり上からのものであり、社会主義とは無縁のものであった。また、親しい友人には**バーバラ・ボディション**ら、女性の社会的な地位の向上につくした人がいたにもかかわらず彼女自身はそのような社会的な活動とはかかわりをもたなかった。

　『家と庭』で明らかになるガートルードの人柄のひとつに、とてつもないネコ好きというのがある。彼女のそばにはいつでも四、五匹の「にゃんこ」がいてすぐにその倍の数になるのだった。居間の椅子にはどこもかしこもどっ

バーバラ・ボディション
Barbara Bodichon
一八二七―一八九一。エミリー・デイヴィスとともにイギリス最初の女子大ガートン・カレッジをつくった女子教育の創始者。ガートルードとは古くからの友人でアルジェに住んでいたとき彼女を客としてむかえたほか、遺書でガートルードにコーンウォールの別荘をのこした。

しりとしたネコの姿があり、どのネコも子ネコを抱えていた。とりわけ短毛のキジネコがお気に入りで、胸と足が白いのが理想だった。彼女の撮った写真にも、その「にゃんこ」たちの姿がそこここに見られる（図２）。

図2　「タビー」（『子どもと庭』より）

『ガーデン』誌の編集

ウィリアム・ロビンソンは二七年間『ガーデン』誌の編集を続けていたが、ほかにも編集や著書、自分自身の庭の手入れなどに忙殺され、一八九九年の終わりごろ、E・T・クックとガートルードに編集をすべてまかせることに決めた。クックは英国王立園芸協会の庭園で研究をはじめ、『ガーデニング・イラストレイテッド』誌でロビンソンの手伝いをし『カントリーライフ』誌のガーデンアドバイザーをつとめていた。後者は伝統的なイギリスの田園生活に焦点をあて、古い家具や絵を特集したり、狩りや釣り、ドライブや射撃、ゴルフなどのアウトドアライフについての記事を組んだりして、都会の上中流階級《アッパーミドルクラス》を惹きつけた雑誌である。近代化に伴う昔ながらの風景や、古い工芸品の喪失を憂う人々にも人気があり大きく購買数を伸ばしていた。

　ガートルードはいままで編集の仕事をしたことがなかったが、のりだすや否や『ガーデン』誌は彼女の色に染められた。ラスキンはほぼ一年前に亡くなっており、誰かが美について彼の主張を受け継いでいかねばならないという思いがあったのであろう。同時にガートルードは冷静で洞察力に優れ、問題のありかを正確に把握する能力をもっていたため、編集長としては完璧であった。このころ、ロビンソンの自然派に対し、整形庭園の復権をとなえた**レジナルド・ブロムフィールド**が**『イギリスの整形庭園』**で反論を主張、ふたつの庭園思想が激しい争いを巻きおこしたことがあった。ガートルードはどちらの側にもつかず、公平に接し、編集長としてこの機をとらえてさまざまな意見の記事を集めた。

弟のウォルターは牧師職を辞してからイタリアで声楽を学び、イタリア語から声楽の本を英訳するなどの仕事をしていたが、やがてジャマイカに永住するようになる。ウォルターからの手紙はガートルードの興味を惹き、やがて彼はジャマイカの植物や熱帯の庭について寄稿するようになった。ロバート・ルイス・スティーブンソンと友人関係を結び、彼が小説を書くとき苗字を提供したのもウォルターであった。**『ジーキル博士とハイド氏』**である。姉のキャリー・エデンはヴェニスで、弟ハーバートはマンステッド・ハウスで、それぞれにガーデニングにたずさわっていたのも興味深い。

ガートルードはいそがしく執筆を続け、「この世でいちばんかわいいバービーちゃん」ことハーバートの娘バーバラですら、彼女を机から引き離すのに苦労した。その結果は同時に出版された**『イギリスの庭のためのユリ』**（図3）と**『ウォール・ガーデンとウォーター・ガーデン』**でどちらもカン

レジナルド・ブロムフィールド
Reginald Blomfield
一八五六―一九四二。建築家、庭園家。

『ジーキル博士とハイド氏』
Robert Louis Stevenson. *Strange Case of Dr. Jekyll and Mr. Hyde.* 1886.

『イギリスの庭のためのユリ』
Lilies for English Gardens. 1901.

『ウォール・ガーデンとウォーター・ガーデン』
Wall and Water Gardens. 1901.

図3 白いマドンナリリー（『イギリスの庭のためのユリ』より）

トリーライフ出版のシリーズとして刊行された。マリア・テレサ・アールはガートルードに批判的なことをいえるわずかな人のうちのひとりであったが、この二冊については前作よりありきたりだと評した。たしかに教条的なところが目立つ出だしである。だが、ガートルードが模索してきた植物と建築物の理想的な融和という点が前面に押しだされている。その理想像は、ガートルードが若いころにたずねたイタリアのルネッサンス式庭園を思わせるものであり、また子どものころ、ブラムリーの古い庭ですごした時代の郷愁に満ちたものでもあった（図4）。

図4　「ピンキー」（『子どもと庭』より）

ラッチェンスとの共同作業

ガートルードを知る人は、彼女の敵をつくらずして他人に影響をあたえる強さについて感嘆する。癖が強く気むずかしいウィリアム・ロビンソンと長いあいだ仲良くつきあっていけたのも、彼女ならではのことであった。共同作業をすることが多いガーデニングにあっては欠くことができない才能である。だがネッド・ラッチェンスとの共同作業は、おたがい気心の知れた同士でありほかに類を見ない協調関係があった。ラッチェンスが同時代のほかの建築家と一線を画していたのは、彼の材質に対するすばらしいセンスだといわれるが、それこそガートルードが身をもってラッチェンスに教えたものであった。

ふたりの共同作業は、たいていまず現地調査にラッチェンスがおもむくところからはじまる。測量し土地を見積もって得意のラフ・スケッチをもちかえると、それをもとにガートルードと敷地にかんして討論する。その後、ふたりで現地をおとずれ、細かな点をつめていく。のちにガートルードが老いて遠くにいくことが困難になると、ラッチェンスは現地の土をもちかえって彼女に見せた。土質がわからないと植えるべき植物が選べないからである。こうしてできたふたりの共同作業の結果は、マンステッド・ウッドをのぞけばもっとも優れていると称賛されるのは、ゴダルミングの「オーチャーズ」の家と庭であろう（図5）。

サー・ウィリアム・チャンスとジュリア・チャンス夫妻はサリー州ゴダルミングでの女性参政権運動を支

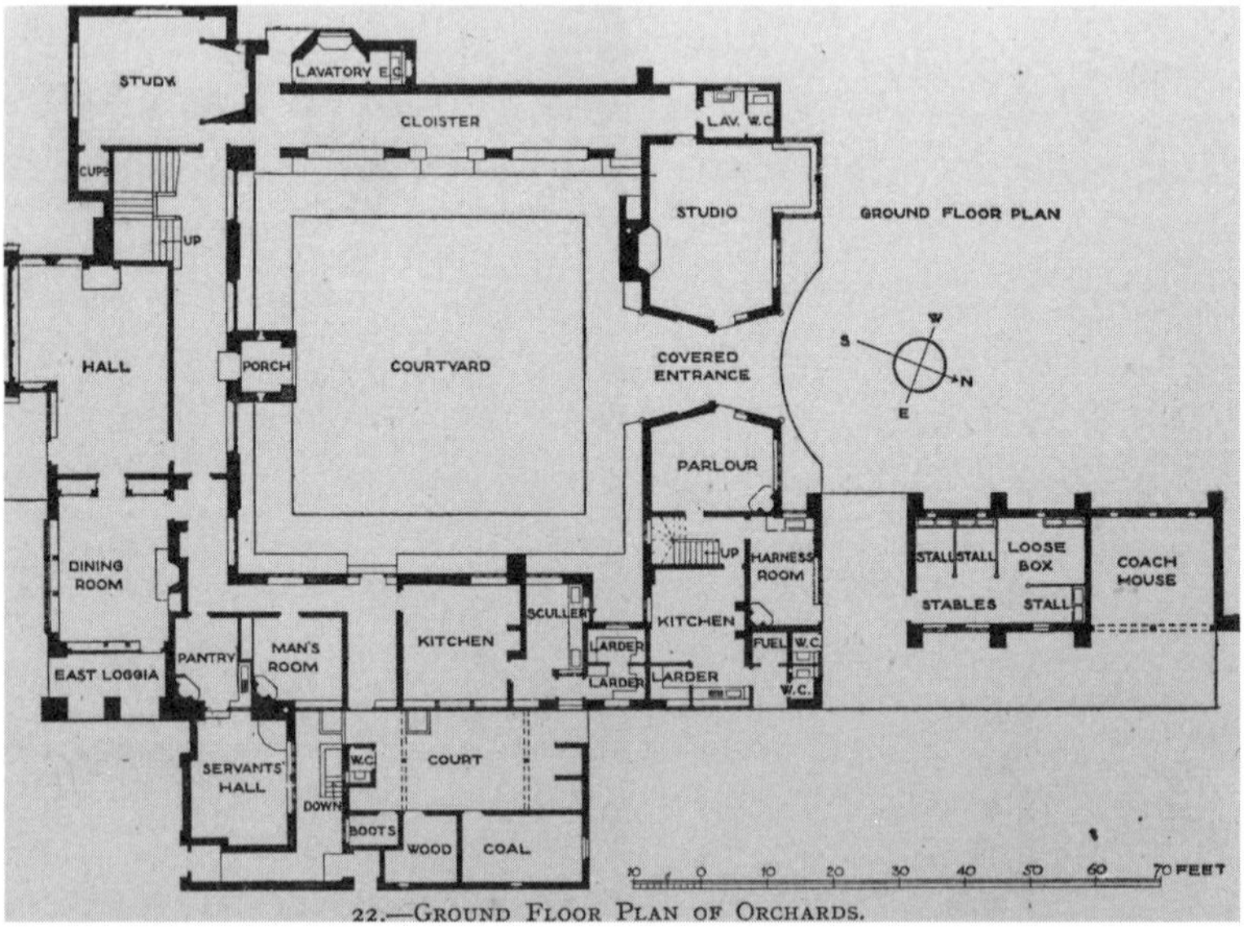

図5　オーチャーズの見取り図

援したことで知られている。「オーチャーズ」の屋敷はサリー州の伝統的な様式でデザインされた。三方を自然の森林地に囲まれ、この地方独特の砂岩の基礎の上に建てられた家は、芸術家による芸術家のための建築と土地のすばらしい調和のたまものと讃えられた。ガートルードは若いラッチェンスを立ててその成果を彼に帰したが、誰もがガートルードなしにラッチェンスの初期の傑作、オーチャーズ、ティグボーン、ディーナリー・ガーデンはなかっただろうと考えた。ラッチェンスはイギリスの地方色リバイバルの頂点を築いたのである。ガートルードは『カントリーライフ』に最初の署名入り記事として、「オーチャーズ」について執筆した。

「オーチャーズ」の庭は、さらに内部の庭を秘め、花のあふれるオランダ式庭園、ボーダー花壇、イチイの並木が続き、中心部分にはキッチン・ガーデンがある。花と野菜が豊かな家庭性を醸しだし、実用性と象徴性をかねそなえた存在として重要な部分だった。花の咲きほこるボーダーが果樹や野菜を隠しているが、同時に花とハーブと野菜の組みあわせが、中世の君主の庭を思わせる。また、壁に囲まれた庭の外側をめぐる土を盛りあげた道は、テューダー朝の塚（マウント）を思いおこさせる。一見したところ素朴に見えるがじつは裕福なエドワード朝人のための、贅を凝らした庭園なのである。だがこれ見よがしのところはなく、優雅で堂々として、調和がとれていて、ただの家ではなく家庭——ホームであるところが、ガートルードとラッチェンスの腕の見せどころであった。

『カントリーライフ』の編集長であるエドワード・ハドソンはガートルードのとりもちでラッチェンスと親しくなり、エドワードの次女のアーシュラの名付け親にすらなった。ふたりは独学で技術を学び、傷つきやすくちょっと子どもっぽいところなどが似た者同士であった。「ディーナリー・ガーデン」は、ジーキル、ハドソン、ラッチェンスの三人がはじめて手がけた共同制作である。ハドソンは、この庭園を自分が住むというよりは、見本のために企画した。バークシャーのソニング村にあり、一九八〇年代になってからランドスケープ・デザイナーのマリアン・トンプソンがのこされた設計図をもとに「ジーキルの庭」の復元を完成させ、現在はロック・グループ、レッド・ツェッペリンのジミー・ペイジが住んでいる。

エレン・ウィルモットと女性の庭園家

ガートルードは二年ちょっとで『ガーデン』誌の編集長を辞めてしまう。視力の低下のせいで仕事が困難だという理由であったが、本当かどうかはわからない。なによりもたいへんだったのはロンドンへ出てオフィスワークをすること、締め切りを遵守することだった。六〇歳になるまえからガートルードは自分が年寄りで半分目が見えないから、ということをいいわけに公的な仕事を断るようになっていた。実際は非常に頑健であったにもかかわらず、会合や訪問を断るとき、彼女は体が弱いふりをするのであった。だが『ガーデン』誌のおかげで、大勢の園芸家や造園家の知己を得ることができたのはたしかである。『イギリスの庭のためのバラ』という次の本には、エレン・ウィルモットは写真を多数よせてくれ、編集者のE・T・クックはアドバイスと支援を惜しむことがなかった。リヴィエラにいたエドワード・ウッドオールは栽培種のバラについて一章を書いてくれたが、彼はその後、王立バラ協会のセクレタリーに就任し、三七年にわたってその地位にあった人である（図6）。

エレン・ウィルモットは当時四四歳、ガートルードが「いま生きているうちで、もっとも偉大な女性ガーデナー」とよんだ女性だった。このふたりの女性ガーデナーは結婚しておらず、絵を描き、歌を歌い、工芸品をつくるのに秀で、写真を撮影するという点では共通していたが、性格はずいぶんちがっていた。ウィルモットは神経質で威圧的で気ままで、あまり社交上手ではなかった。しかしガートルードのことはすばらしい人で尊敬に値すると述べている。

スワンリー園芸カレッジが一八九一年には女子に門戸をひらき、マリア・テレサ・アールの「どんな女の子も努力すればなりたいものになれるはず」という主張を後押ししていた。一九〇二年には子爵夫人フランセス・ガーネ

『イギリスの庭のためのバラ』
Rosess for English Gardens.1902.

図6　モダンローズ（『イギリスの庭のためのバラ』より）

フランセス・ガーネット・ウォルズリー
Frances Garnett Wolseley
園芸家。Glynde College for Lady Gardeners を創設。

ット・**ウォルズリー**がレディ・ガーデナーのためのグリンド・スクールを設立、その後援者となったのはガートルードとマリア・テレサ・アール、そしてウィリアム・ロビンソンだった。こうして女性に本格的なガーデナーへの道がひらかれていくことになる。

エレン・ウィルモットの仲介で、ガートルードははじめて外国での庭づくりに手を染めた。ヘンリー・ビリンガム卿のフレンチ・アルプスの別荘である。じつはこのときのフランス旅行にはもうひとつの目的があった。**ブリッド・レ・バン**にある二三日間のダイエット・コースだった。ラッチェンスはこの旅行に反対したが、ガートルードは二五ポンドの減量に成功した。娘のころからかなりがっちりタイプだった彼女は、歳をとるにつれ肥満を苦にするようになる。見た目を気にしていたのかもしれないが、案外庭仕事の差し障りになるという理由であったのかもしれない。だがこれは彼女の最後の海外旅行となった。

ブリッド・レ・バン
フレンチ・アルプスの観光地。

「古き良きイギリス」という幻想

『古き懐かしきウェスト・サリー』という本は、子どものころからずっと観察してきたサリー地方の村の生活の記録である。昔から引き継がれてきた古い風習や技術はガートルードを魅了してやまなかった。暖炉、家具、ろうそく立て、刺繍見本、パッチワークなどなど、三〇年まえの生活がノスタルジックに描かれている。ただしこの田園牧歌は理想化にすぎない。ガートルードは自分が見たいものしか見ていないし、彼女の視線は常に上中流階級《アッパーミドルクラス》のものであった。

　これはガートルードにかぎった話ではない。バーセット・フォスターや**ヘレン・アリンガム**の絵にもいえることで、スイカズラの蔓がからまる扉のかわいらしいコテージや苔のはえたレンガの壁は、美化された田園生活の夢でしかない。サリー州はもっとも技術革新が遅れた州だったし、農夫の労働賃金はほかの州にくらべても非常に安く、小作農の家には六、七人の子どもたちがいて衛生状態は悪く、乳幼児死亡率は高く、識字率は低かった。赤貧洗うがごとし、というのが田園生活のリアリティだったのである。ガートルードが理想化して描いて見せた七〇年代には、不況の影響を受け農夫は土地を捨て、地方新聞は植民地への移民を宣伝していたという状態だったのである。一九世紀の終わりには生活状況はやや上を向いたが、今度は機械化と大量生産の波が押しよせ、古い産業や技術を根こそぎにしてしまった。

ヘレン・アリンガム
Helen Allingham
一八四八—一九二六。

　だからこそガートルードはこの本のなかで、手遅れになるまえに古く貴重なものを保存するよう、読者によびかけたのである。彼女の見たものは、古き良きイギリスの一面だけだったにしても、失われゆく技術や職人の生活に対する思いは、ラスキンやモリスと同様のルーツから発するものだった。彼女の本がエドワード朝の郷愁あふれる幻想のカントリー・コテージやコテージ・ガーデンのイメージ形成と、それへのカルトをかたちづくるのに大きく寄与したことは疑いもない。そして、そもそものアーツ・アンド・クラフツ運動が目指した生活芸術は、普通の人々には手のとどかない、高額な芸術作品になってしまい、富裕層の夢を受けとめるものにしかならなかったのは皮肉である。

「絵に描いたような美しい田舎風のコテージ」（図7）をまさに描いた風景画家が、先に述べたヘレン・アリンガム（図8）である。美しい色合いの水彩でイギリスの田舎の風景を描いた彼女は何度かガートルードに出会っている。ヘレンは医者の娘として生まれ、叔母には女性ではじめてロイヤル・アカデミーに受け入れられた画家ローラ・ハーフォードがいる。彼女自身の師匠は、ガートルードがアルジェで教えを請うたフレデリック・ウォーカーだった。『コーンヒル・マガジン』に連載中のトマス・ハーディの『狂乱の群れを離

図7　「ヒマワリのあるコテージ」（ヘレン・アリンガム画）

れて』に挿絵を描いていたとき、ハーディから激しい恋心をよせられたにもかかわらず、ヘレンはアイルランド生まれの詩人ウィリアム・アリンガムと結婚した。アリンガム夫妻はガートルードの住むマンステッドに近いウィットレイに住み、三人の子どもを抱えたヘレンは、古く美しい建物を破壊から守るモリスの精神を引き継いで、一〇〇〇点にものぼる風景画を描きつづけた。ガートルードがかかわった庭は、現在持ち主が変わったりいなくなったり、さまざまな事情で維持できなくなっているものがほとんどである。そのためヘレン・アリンガムの絵は、ガートルードの花の庭がどんなものであったかを我々に示してくれる貴重な資料になっている。

図8　ヘレン・アリンガムの肖像写真

多忙な日々

ラッチェンスは次々と建築にたずさわりロンドンで『カントリーライフ』の事務所を建てる仕事をし、自分の別荘としてホーリー・アイランドのリンデスファーン城復元に着手した。ノーサンバランドの沖に浮かぶホーリー・アイランドは満潮時には舟でいかねばならないが、干潮時には歩いてわたれる道が通じる、古くからの巡礼の地である。ここにはガートルードもおもむいた。だがここに滞在しているあいだに、彼女は古くからの友人であり尊敬する画家のハーキュリーズ・ブラバゾンの訃報を受けとった。財産も名声も求めずあくまでアマチュアとして絵を描きつづけたブラバゾンは一風変わった自由人であり、その死をガートルードは深く悲しんだ。

　ガートルードの名声が高まり執筆依頼や庭のデザイン依頼などが引きも切らず押しよせると、彼女はますます引きこもり仕事に没入するようになる。マンステッド・ハウスの弟ハーバートの一家やラッチェンスの家族は、なるべく彼女を引きずりだし、一家の行事に参加させようと試みた。そんなときもラッチェンスは彼女をよく理解していて、生活の変化を嫌う彼女が慣れ親しんだ習慣を保ったまま、旅行やバカンスが楽しめるよう心を砕いた。

　騒音が苦手なガートルードはイヌが嫌いだった。散らかりっぱなしで無秩序で時間の無駄というのが彼女のいちばん嫌なことだったが、まさにその理由によって彼女は子どもが嫌いだった。ラッチェンスの末娘メアリーは、眼鏡をかけた黒い服のバンプスおばさんがこわかったと子どものころの思い出を語っている。ハーバートの孫たちも、無駄口をきいたり庭の道から足をふみはずしたりすると、おっかない大伯母さんに雷を落とされる、と知っていた。ハーバートの家族はしばしばガートルードの家に用事があると、男の子たちを使い走りにやったので、彼らは子どものおしゃべりが大嫌いな伯母さんの家にはおそるおそる出かけるのであった。

　六〇代になってガートルードは本当にいそがしかった。かたや知りあいには亡くなる人も多くなってくる。体調不良もしばしば彼女を悩ませた。しかし引きも切らずマンステッド・ウッドには訪問客が押しよせ、ときには彼女を本当に怒らせてしまうこともあった。庭は彼女の仕事場であり憩いの場でもあったのだが、侵入者たちはまったなしだったからである。

　マンステッド・ウッドには育苗園があり、種の採取や品種改良もおこなわれていた。サクラソウ、ヒナゲシ、ノヂシャ、スイセン、スズランなど苗や切り花も出荷していた。自分が委託された庭園に使ってもらえるよう、苗の値段はほかより安めに設定されていた。そのほうが意図した色やかたちをたやすく演出できるからである。庭仕事には、ガートルード自らシャベルと鍬をもってたずさわっていたが、常に庭師は一二人くらい雇っていた。庭師頭はもちろんスイスから来たザンバックである。

　家のなかの家事にかんしては、家政婦でありガートルードの身のまわりの世話をしてくれるフローレンス・ヘイターのおかげで、万事がスムーズに規則正しくおこなわれていた。ガートルードは生涯、一日の生活リズムを規則正しく送ることにかけてはかなり厳しかった。フローレンスは三〇年ちかくガートルードのそばで家事を請け負い、注意深く女主人を見守るたよりになる使用人だった。

その後の著作

子ども嫌いであるにもかかわらず、一九〇八年にガートルードは子どものためのガーデニングの本を出版している。『子どもと庭』（図9）はラッチェンスの依頼で書かれたものだが、そこには自分自身の子どものころの思い出をこよなく貴重なものとして記録したいという、彼女の心もこもっている。イギリスの庭園史をはじめて著したのも、子どものためのガーデニングの本を最初に出版したのも、園芸家で植物学者の**アリシア・アマースト**であったが、彼女の子どもに対する恩着せがましい書き方にくらべ、ガートルードの本は率直であまったるい調子はまったくない。たとえば以下のように。

> 三月にはふつう、一年草の種をまきます。そうすれば真夏か晩夏に花が咲くからです。もっとも耐寒性の一年草なら秋にまいたほうが丈夫ではやく咲くのですが、秋にまくのはちょっとむずかしいのです。秋というのは八月か九月のことですが、そのころ、庭はちょうど満開の花がいっぱいですから、子どもの小さな庭に種がまけるとは思えません。でも、一年草が種を落として、それがひとりでにはえてきたら――たとえばヒナゲシとか、クロタネソウとか、ほかのなんでもいいのですが、草取りをするときにもあまり雑草っぽくないなと思って、ほおっておいたとしたら、すごく丈夫

図9「ジーンとアン　一目落としちゃったとアンがいった」（『子どもと庭』より）

アリシア・アマースト
Alicia Amherst
一八六五—一九四一。園芸家、植物学者。のちのロックリー男爵イブリン・セシルの妻。*History of Gardening in England*（一八九五）、*Children's Gardens*（一九〇二）などの著書がある。

に育つことがわかるでしょう。これは植物の自然な自家増殖のやり方なのです。（図10、11）。

題材にはマンステッド・ウッドの庭が使われ、写真には彼女の「にゃんこ」たちとともにラッチェンスや弟ハーバートの子どもたち、知りあいの画家の子どもたちが写っている（図12）。

同年、ガートルードの本のなかでももっとも有名な『花の庭の色彩計画』が出版された。前章でくわしくふれたように、この本には八五枚の写真が挿入され、設計画の図もふんだんである。画家時代から積み重ねてきた色彩とその効果についての考察の集大成として、この本は印象派の画家が絵を描くときのように、色を表現手段として庭づくりにもちいるガートルードのガーデニングの極意がつまっている。生涯一五冊の本を執筆したガートルードは、その本のなかにうつろいやすい植物によって構成された、庭という壊れやすいものを永遠にとどめたのである。

図10　「霧のなかの恋」（クロタネソウの花のこと）（『子どもと庭』より）

図11　「藪のなかの悪魔」（クロタネソウの種のこと）（『子どもと庭』より）

図12　「わからずやさんたち」（『子どもと庭』より）

後期の庭園

自分自身の仕事がいそがしくなりはじめたエドウィン・ラッチェンスは、ガートルードと仕事をするのが間遠になっていたが、四年ぶりに大きな仕事が舞いこんだ。サマーセット州、トーントンの町に近い「ヘスタークーム庭園」の復興である。二代目ポートマン子爵の依頼で一九〇八年に完成したこの庭園は、ジーキル／ラッチェンスの庭の典型をいまでも見ることのできる、わずかな例のひとつである。石づくりの壁や階段など、ラッチェンスがつくった建築物に、ガートルードが植えこんだ植物がやわらかさを添え、すばらしい調和を醸しだすさまが見られる。

メインになるのは正方形の沈床庭園で、×字の園路で切りとられた三角形の花壇があり、ガートルードがよく使う群植（ドリフト）というやり方で花が植わっている。自然なかたまりとして花を植えるやり方で、花をきっちりとした幾何学の型にはめこまない。ここから見える屋敷側のテラスには、銀灰色の植物を配した「灰色の散策路」がある。ガートルードはユッカ、イヌハッカ、ラベンダー、ラムズイヤーなどの植物を好んだ。

バラ、クレマチス、スイカズラをはわせた石づくりのパーゴラ、オランダ風庭園、水生植物を配し段差を利用した池と流れ、バラ園などがあり、外の景色との調和もすばらしい。ラッチェンスが設計図を描いた庭に、ガートルードは細かい設計図にもとづいて植栽を指示し、やわらかなグレイのグラデーションや川のそばの湿地植物、多年草のボーダー花壇、石段に縁どりをするような小さな花などを細かく配した。

　チャールズ・ホームズに依頼され、ハンプシャー州のアプトン・グレイにあるマナーハウスに庭をつくったときは、ガートルードは直々におとずれてガーデン・プラニングにたずさわった。メインになる整形庭園はイチイの垣根で囲まれて緑の背景をなし、バラの芝生、ボーリング用芝生、テニス用芝生が段差をなして配置されている。石垣はそれ自体が花壇のように花が植えこまれ、多年草のボーダー花壇は花のないときにも厚みを保てるよう工夫がされている。つるバラがからむあずまやからは芝生の競技が鑑賞できる。

　ながらくジーキルの庭であることすらわすれられていたこの庭は、ロザモンド・ウォリンガーとその夫が購入してから、ジーキルの設計図をカリフォルニア大学バークレー校に探し、一九八〇年代にシャクヤクの庭、バラのパーゴラ、果樹園なども含め、すっかり**復元することに成功した**。マンステッド・ウッドは一部のみになるが、ヘスタークーム、アプトン・グレイのマナーハウスの三か所が、現在でもジーキルの庭がつくられたころのまま見ることのできる数少ない場所なのである。

　出版物のおかげでヨーロッパやアメリカにまで名前が広まったため、ガートルードはアメリカにも庭をつくることを依頼された。イギリス式の庭がオ

復元することに成功した
Rosamund Wallinger. *Gertrude Jekyll's Lost Garden*（二〇〇六）にその経緯が記されている。

ハイオやコネティカットにつくられたが、現在のこるものはほとんどない。

戦争とその後

第一次世界大戦がはじまったとき、ガートルードは七一歳であった。戦争はガーデニングにも大きな影響を及ぼした。庭をつくろうにも若い男性はみな出征してしまっていない。このあいだもガートルードは元気で、けがの手当てに使う苔をとりにいくパーティを先導したり**『庭のオーナメント』**を著したりしていた。クリストファー・ハッセイと共著のこの本のなかで、彼女は日本の庭園への尊敬の意を表している。一九一八年の終戦の直後、ガートルードはこれから庭の新しい時代が来るだろうと日記に記している。いくつになっても彼女は絶えず庭園の未来を模索していた。

『庭のオーナメント』
Garden Ornament. 1918.

七五歳をこえると急激にガートルードは健康の衰えをうったえるようになった。視力の衰えにもかかわらず、死ぬまで読書は続けており現代小説も読んでいたようだが、戦後の社会のさまざまな変化については、あまり気づいてはいなかったようである。ほとんど休みもないくらいに庭づくりを依頼されてはいたが、その庭の規模はしだいに小さくなっていく。大きな邸宅をかまえ、広大な庭を維持していけるような裕福な人はすでに稀になっていたのである。ガートルードはもう実際に現地におもむくことはなく、手紙で頻繁にやりとりをし、質問に答えたりアドバイスをしたりなどというかたちで庭園づくりに手を貸すだけだった。戦争で亡くなった人々のための記念碑や墓地の植栽を依頼されることもあった。

折にふれ、ガートルードは外国などで買い求め、集めていた衣装や道具などをヴィクトリア&アルバート博物館に寄贈した。彼女もそろそろいわゆる「終活」をはじめていたのだろう。

一九一一年、ニューデリーの都市計画にかかわり、インド総督府（現在の大統領官邸）を建設したラッチェンスは一九一八年にサーの称号を得ていた。このころからラッチェンスは造園からは遠ざかり、建築一筋に専念していった。しかし変わった仕事もあった。一九二四年に彼が完成させたのはメアリー王妃のための人形の家である。すべてが一二分の一の精巧なほんもので構成され、動かすこともできるミニチュアの家として有名だ。これには、非常に多くの著名人がかかわった。たとえば人形のための豆本にはアーサー・コナン・ドイル、ハーディ、キプリングなど当時の有名な作家が寄稿して、ほんものの本のようにつくられているし、家具はもちろんほんものそっくり、トイレは水を流すこともできる。この家には、引き出しを出さなければ見つからない隠された庭がついており、ガートルードがその設計をしたのであった。この人形の家は現在ウィンザー城で展示されている。

建築家としてのエドウィン・ラッチェンスの名声は、ポストモダンの風潮のなかで一時廃れてしまったが、現在また復活のきざしがあるという。後半生、妻エミリーが神秘主義に走り夫婦の仲が疎遠になってしまい、ワーカホリック気味に仕事にのめりこんだ彼であったが、共同作業がなくなってからも彼はガートルードに対して忠実な友でありつづけた。

一九三二年、ネッドは彼女に車椅子をプレゼントした。八〇歳をこえたガートルードも足腰の衰えには勝てなかった。庭師たちに抱えられ、彼女は車椅子でサクラソウが咲き乱れる庭を見に出ている。その花は、幼いころの感動をよみがえらせてくれるものであった。最期に彼女をたずねた人は、動くことがままならなくなっても、彼女のキラキラする黒い目、重い眼鏡、くすくす笑う声はちっとも変わっていないと述べている。これほど活動的であった女性が、年齢によって自由を奪われるのはかなりフラストレーションのたまることだったろうが、彼女はユーモアのセンスを失うことはなかった（図13）。

弟のウォルター、姉のキャリーは亡くなり、もっともちかかった弟ハーバートも一九三二年の九月にこの世を去った。その葬式には車椅子で出たガートルードであったが、彼の死去にはかなりショックを受けたようだった。同年一二月、森が冬の様相をていするころ、ガートルードは忠実なフローレンス・ヘイターにだかれて息を引きとった。病気をおしてかけつけたエレン・ウィルモット、九四歳のウィリアム・ロビンソンが見守るなか、彼女はハー

図13 「サクラソウの花束をつくる」（『子どもと庭』より）

バートのすぐそばに葬られた。その墓は白い花のトラベラーズ・ジョイが蔓をからませ、黄色のキクで縁どられている。

ガートルードの仕事の意義

この本のなかでは、「ガーデナー」ということばを庭園家と記述してきた。このことばは、辞書的には庭師、園丁、植木屋、造園家、園芸家、趣味で庭いじりをする人、といった多様な意味が含まれる。だが、庭師と造園家ではステータスがまったくちがうし、植木屋と趣味で庭いじりをする人をいっしょにしてはプロに申し訳ないという気がする。園芸家は植物を植えて育てるだろうが、造園家はおもに土地の造成にかかわり、種をまく人とはちがうだろう。プロからアマチュアまで、指図する人からされる人まで、おおよそ庭づくりにかかわる人のことをひとからげによぶ多義的なことばであるらしい。

　ガートルード・ジーキルは、土地の土壌を見極め、自生する植生をいかしたうえで造園し、建物とのバランスを考えて、庭園の設計図と色彩構成を図に描き、それにもとづいて自らの手で種から育て改良した苗を植え、庭園をつくった。庭のなかのあずまややパーゴラ、池や石畳の道、階段といったハードウェアと、そこに育ち咲きおおう植物といったソフトウェアと、庭と建物の背景となる土地の景観の完璧な調和を目指した庭園家である。彼女は建築家と共同作業をして造園計画を立て、たくさんの庭師たちに指示して実際の仕事にあたらせたが、自らスコップを手に土を掘った人でもある。ガーデン・プランナーでありガーデン・デザイナーであり、ランドスケープ・デザイナーであり造園家であり園芸家であり庭師だった（図14）。

趣味で庭いじりをする女性は、昔から存在した――戸外での行動を相当制限されていたヴィクトリア朝の上、中流階級の女性たちですら、庭いじりや花摘みは女性のたしなみとして認められていたし、軽い庭仕事はちょうどいい運動だとみなされていたにしても、それは日常の家事の延長でありまた趣味の範囲内であった。一九世紀にいたるまで、歴史にのこる庭園家は建築家をかねることもあって、ほぼ全員が男性であり女性はいない。一九世紀末から二〇世紀はじめにかけて、ようやくガートルード・ジーキルをはじめ、エレン・ウィルモット、ヴィタ・サックヴィル＝ウェストなどの女性庭園家が現れ、女性のための専門学校も創設された。植物学から建築も教える庭園家養成コースである。ガートルード自身は生涯、自分をアマチュアだと考えていたが、彼女の周囲からぞくぞくと女性のための新しいキャリアとしての庭園家への道がつくられていったのである。

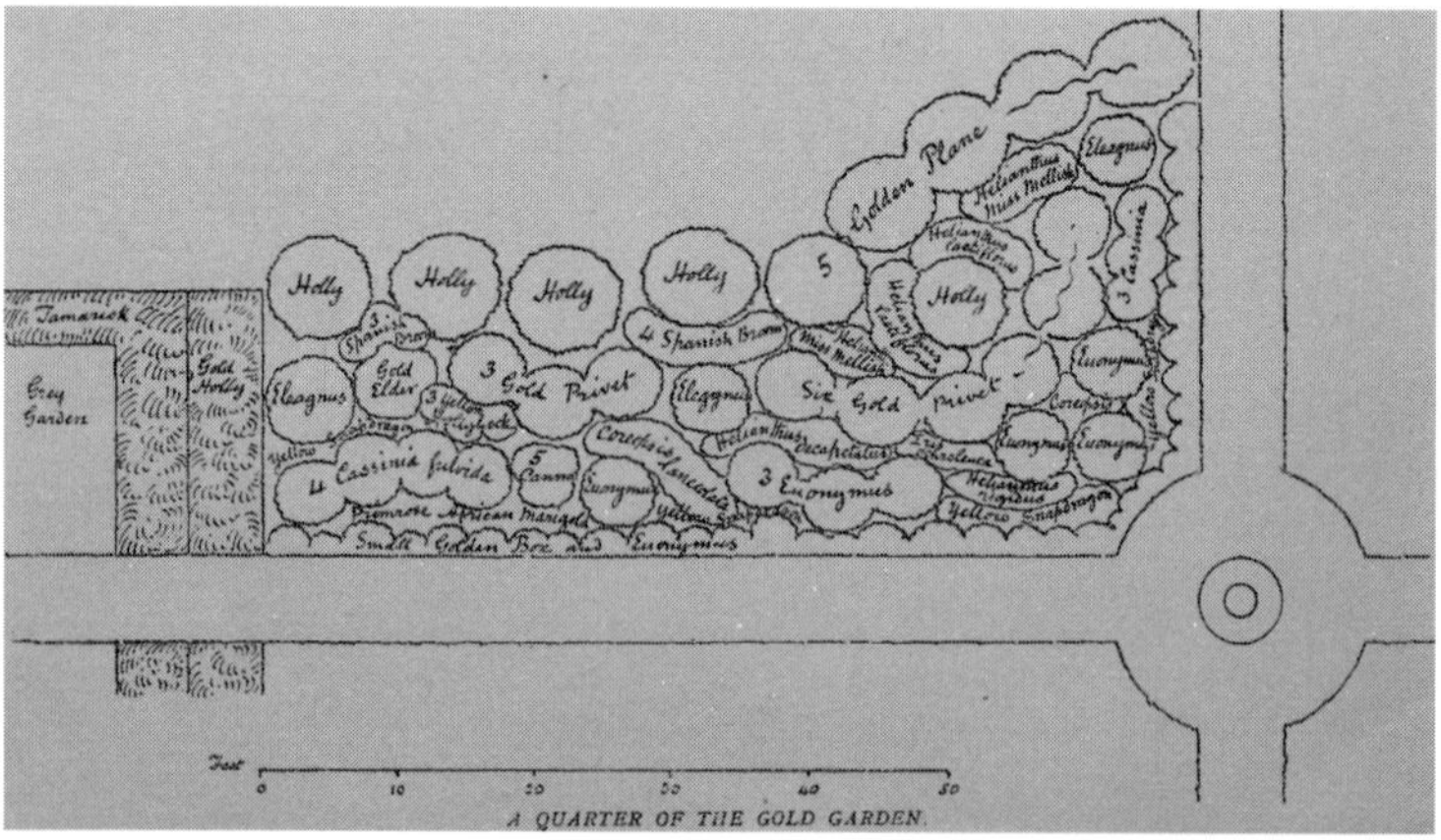

図14　ボーダー花壇の設計図（『花の庭の色彩計画』より）

建築家との共同作業という点でも彼女の功績は大きい。エドウィン・ラッチェンスという若い独学の建築家を見いだし、ふたりはパートナーを組んで建築と庭園の融合という道を切りひらいた。ふたりが手がけた庭園の数はおよそ一〇〇。ジーキル／ラッチェンスの邸宅と庭園は、エドワード朝の人々にとってもっとも望ましい理想の住処となった。やがてラッチェンスは二〇世紀初頭のイギリスを代表する大建築家となったが、彼の才能を世の中に認めさせたのはガートルード・ジーキルの尽力あってのことだった。

　ジーキルは生涯で一五冊の書物を著し、雑誌『ガーデン』『カントリーライフ』に多くの記事を書き、庭園づくりを依頼してくる人たちに膨大な数の手紙で答え、指示を出し、書いたものをのこしている。庭園というのは手入れをしないことにはすぐに失われてしまい、ジーキルの四〇〇の庭のなかでいまでもそのままのこっているものは数少ない。当時の庭園は、かなり裕福な家庭でなければもつことも維持することもできなかった。その意味ではガートルードの仕事はあくまで上中流階級《アッパーミドルクラス》のためのものでしかなかった。

　しかし彼女が書きのこした庭園設計図や植栽の指示、色彩の図示のおかげで復元することができ、現在もいくつかの庭園がもとのかたちでよみがえっている。公共の場となっているものもある。彼女の影響下には、いくつもの新しい庭園が生まれた。現在、我々がイギリスらしいと感じる花咲き乱れる庭園の多くは、彼女の造園法に学んだものなのだ（図15）。

ガートルードの一五冊の本や、丁寧で几帳面に記された植栽の図面、設計図のおかげで現在、さまざまなかたちで彼女の遺産は復活し、現代的な姿で再現されつつある。花を愛し植物を大事にし、調和とバランスを重んじ、なによりも環境と自然の保護に心を砕いた彼女の考え方は現代においても十分通用するどころか、ますます重要なものとなってきたのではあるまいか（図16）。

図15　奥まったガーデン・シート　（『いくつかのイギリスの庭』ジョージ・エルグッド挿絵より）

図16　木にはハンモック（『いくつかのイギリスの庭』ジョージ・エルグッド挿絵より）

コラム 6
庭をつくる女性の映画

偶然だが二〇一〇年代にふたつのイギリス映画が、庭をつくる女性（しかもどちらもアイルランド系）をメインにとりあげていて興味深い。

ひとつは二〇一四年のヴィヴィアンヌ・ドゥ・クルシ監督の『フラワーショウ！』（原題Dare to Be Wild「あえてワイルドに」という意味）で、イギリスでもっとも有名な庭園のコンテスト「チェルシー・フラワー・ショウ」に挑戦し、史上最年少で優勝をおさめたメアリー・レイノルズの実話にもとづく物語である。彼女はいまもランドスケープ・デザイナーとして活躍している。

アイルランドの田舎町出身でガーデン・デザインを志すメアリー（エマ・グリーンウェル）は、有名なガーデン・デザイナーのシャーロット（クリスティン・マルツァーノ）の助手として雇われる。夢は大きく、世界を自分のデザインで変えてしまおうと野心をいだくメアリーだが、デザインを描きためたノートをシャーロットに奪われたうえ、解雇されてしまい、夢を打ちくだかれる。だが不屈のアイルランド魂の持ち主である彼女は、それならばいっそ、とチェルシー・フラワー・ショウに自ら挑戦してみようと思いたった。しかし彼女は庭づくりにどれほどお金がかかるか、コネや地位がものをいうかを知らなかった。

一流の庭園家がそろって腕を競うフラワー・ショウに、なにももたない無名のメアリーがどうやって挑むことができるのか。ライバルのなかにはチャールズ皇太子がいたりするのだ。だが彼女には支持してくれる人や、協力してくれる人もいた。紆余曲折の末に彼女が出品したのは、サンザシの木と野草のみでつくったケルトの神域の思想を受け継ぐ庭だった。庭づくりの固定観念を壊し、伝統と自然とをとりいれて斬新なデザインをつくりだした女性のサクセス・ストーリーである。

もうひとつはサイモン・アバウド監督・脚本、二〇一六年の『マイ・ビューティフル・ガーデン』（原題はThis Beautiful Fantastic「美しくきまぐれなもの」という意味。主人公が最後に仕上げる自作の物語の題名でもある）である。主人公のベラ（ジェシカ・ブラウン・フィンドレイ）は、赤ん坊のときに公園の木の下に捨てられていたのを拾われ、施設で育った身の上である。いまは小さなフラットを借りて図書館の司書として勤務しているが、いっぷう変わった癖があった。とにかく無秩序なことにたえられない。食事の時間をはじめ、毎日の生活は時計のように正確であり、仕事に出かけるときの服は同じものが七枚あって、曜日ごとに決まっている。歯ブラシも七本あってきちんと使いわける。儀式のように毎日をおくる彼女にとって、秩序正しくととのえられ、厳重な規則を順守せねばならない図書館はうってつけの職場だった。

そのうえ、彼女は極端な植物嫌いだった。植物のもつ無秩序で無造作なエネルギーは彼女をこわがらせた。そのため、フラットの裏庭には一歩も近づかず、もちろん手入れもせずに放置していた。そのためますます生い茂った雑草におおわれ、彼女の家の庭は荒れはてていた。

ところがある日、フラットの管理人がベラのところにやってきて、あまりの裏庭の荒廃ぶりに怒り、一か月以内に庭をきれいにしなければ、出ていってもらうとおどす。あわてたベラは、マスクに手袋と重装備に身をかためて庭仕事にとりかかるが、とにかく植物が嫌いでさわるのがこわいために、どの草をどうしたらいいのか、どの花をどうしたらいいのかわからない。

そんな彼女に助けの手をさしのべたのは、となりに住む偏屈な老人アルフィー（トム・ウィルキンソン）と彼の食事をつくって介護をしているヴァーノン（アンドリュー・スコット）だった。最初はベラが庭を荒れたままにしているのに対し、批判的だったアルフィー。じつは彼は引退した造園家だったのだ。カオスのなかに美を見いだすことこそ、庭づくりの秘訣だとアルフィーはベラに語り、ヴァーノンとアルフィーとベラはだんだんに親しくなり、ともに一か月の期間内に庭をつくりなおすことにとりくむ。

また、ベラの生活には同時にあらたな人物がかかわってきた。図書館で知りあった自由奔放な発明家志望の青年ビリー（ジェレミー・アーヴァイン）である。機械じかけの鳥ルナをつくる彼に惹かれていくベラは、作家になりたいという自分の夢も話すようになるが、はじめてのデートに彼は現れなかった。

物語はベラの恋のゆくえと、庭が回復する過程を追い、紆余曲折の末に意外な解決をむかえる。

異様なまでに秩序に固執するベラのかたくなな心がしだいにほぐれ、解き放たれていくようすと、荒れはてた庭の混沌がガーデニングによってだんだんにととのえられてゆくようすとが呼応し、まことにこれもひとつの『秘密の花園』（F・H・バーネット作　一九一一）のバリエーションだと思わせる。ディッコンがヴァーノン（双方とも使用人で実際家）、コリンはビリー（発明家で足をけが）、ベン・ウェザースタッフはアルフィー（老人で庭づくりの専門）にあたると考えればなおさらである。

どちらの映画も女性の生き方や心のあり方と庭づくりを、自然と人間の理想的なかかわりに重ねて追究するもので、『秘密の花園』とつながっているのが不思議でもあり、納得のいくことでもある。

第5章　イギリスの庭園の歴史

西洋のどの国においても、庭園はエデンの園を理想形としてかたちづくられた。エデンの園は、アダムとイブが幸せに暮らす空間であったが、神との約束をやぶったことでふたりはこの園から追われた。いつしか、失われたエデンは、理想郷、楽園、パラダイスなどと同一視されるようになった。「パラダイス」は古代ペルシャ語の「パイリダエーザ」（壁で囲われた果樹園）に由来する。こうして庭園は、パラダイスをこの世に模して表すための、まわりを囲われた理想空間として具現化される。そして時代ごとの思想や風潮を反映しながら、自然と文化のあり方を定義してきたといえる。イギリスの庭園もその流れのなかにあり、ヨーロッパの庭の歴史に影響を受けつつ、独自の形式を発展させていまにいたる。

ここでは古代ローマ時代から現在にいたるイギリス庭園の歴史の概要をおさえておくことにしたい。

ローマ時代

イギリスがローマ領ブリタニアであった時代、ブリテン島に住んだローマ人たちは、古代ローマ風のヴィラとよばれる庭園をつくっていた。サセックス州の海辺のフィッシュボーンというところで発掘された庭園跡は、ローマのトスカーナ荘（メディチ家の別荘）に類似した整形庭園があったことを示している。ローマ風の庭園は、植物をまるでレンガや大理石のような材料の一種とみなして刈りこみ、かたちづくる完全な整形庭園であったといわれる。その外側には菜園や養蜂場があり、小川に沿って散策のできる半自然の庭が広がっていた。敷地はいたるところ柱廊や亭、オベリスク、彫像、噴水、円柱、格子垣などが装飾過多といっていいほどに配置されていた。このようなローマ風の庭園は紀元後四〇〇年くらいまでイギリス全土につくられていた。

中世・修道院の庭

中世の庭で、いまも資料がのこっていてそのかたちがわかるのは、各地の修道院の庭である。庭は瞑想と散策の空間であり、植えられる植物は医療用の薬草であった。このハーブ・ガーデンには、採取し世話をするために小道が縦横にめぐらせてあり、そのため幾何学的な構成をなしていた。これがのちの観賞用のパーテア（装飾的に幾何学図形につくられた花壇。フランスに多い）に発展していくことになる。この中庭には実用的な目的で井戸や泉があったが、しだいに「命の聖水」としてシンボル化されて、楽園の地上的具現化としての庭の概念の形成に寄与した。

　壁沿いに薬草や野菜の畑、内庭の外には果樹園、養魚池、豆畑などがあり、修道僧たちの自給自足を支えていた。花としてはバラやユリが好まれたようである。このような中世の庭は、宗教改革の時代まであまり変化しないまま存続した。

イスラムの影響

　七回にわたって遠征した十字軍が中東からもちかえったイスラムの庭園様式は、ヨーロッパの庭園史に大きな影響をあたえた。イスラム庭園の重要な特徴はチャハール・バーグとよばれる四分割庭園である。水の乏しい中東においては、囲われた空間を四分割するかたちで水路が十文字に交差するというのが庭園の定型となっていた。四つの水路は中央に噴水をもち、四方に水を供給するとともに、流れでた水がまた中央にもどってきて永劫回帰を示している。

　このかたちは、エデンの園の中央から流れでる四つの川をも示唆し、西洋庭園全般の普遍的な構造の根幹になった。修道院の庭の格子状の小道は、実用的な目的の上にこの思想を吸収し、続く時代の古典主義庭園の四分割庭園のかたちに収斂していったのである。現代においても「ロータリー」とよばれる交差点の植えこみにこのかたちのなごりを見ることができる。

古典主義の時代　初期

イギリスの古典主義庭園は、はじめのうちイタリア式庭園の模倣からはじまる。代表的な庭園は、ヘンリー八世がつくらせた「ハンプトン・コート」の庭（ロンドン南西部）である。この屋敷と庭はもともとウルジー枢機卿の所有するところであったが、卿の失策にかこつけて王が献上させたといういわくつきのものである。枢機卿は教皇補佐としてヴァティカンにいたことがありイタリアの文物にはくわしかった。

ルネサンス期のイタリア式庭園の特徴は、高低差のある庭と彫像などによる装飾である。そもそも国土が狭いイタリアでは、断層が多い不規則な地形をいかした庭づくりがされ、一段高いところにテラスのある庭が好まれた。それだけではなく、庭の一部の平面を掘り下げた「沈床庭園」もさかんにつくられた。ローマ神話の彫像を多数配置するのは、古典の神話的な世界を現出するためである。テューダー朝やエリザベス朝のイギリス庭園はこの「古典主義」の様式でつくられていた。イタリアの庭園様式は、貴族の子弟がそのころさかんにおこなったグランド・ツアー（大陸旅行）の土産である。しかし国教会を設立した宗教改革により、ローマ法王と決裂したヘンリー八世は、イタリア式の影響を排した。イギリス王の威光を示し、フランスのフランソワ一世がつくらせた「ファンテーヌブロー庭園」に対抗するため、「ハンプトン・コート」はもっぱらフランス・ルネサンス様式を旨とし、緑と白のテューダー王朝の象徴をとりいれたものとなる。

「ハンプトン・コート」のメインの庭は、プライヴィ・ガーデン（ご内庭）にある。二〇もの正方形の区画花壇が、それぞれ結び目花壇、アラベスク模様、迷路仕立てになっている。同じ結び目花壇でも、花を植えこんであるため人が立ち入れないクローズド・タイプと、花壇内に小道がつけられているオープン・タイプがあり、ローズマリ、ヒソップ、タイム、スミレ、サクラソウ、バラ、ストック、ミント、ビジョナデシコなどが植えこまれている。ツゲやイチイの木を複雑な幾何学的形状や動物のかたちなどに刈りこんだ「トピアリ」（図1）と真鍮の日時計は、自然を配下に従えた人間の力を表している。この庭は、フランス式整形庭園の特徴である中心線で二分割されて左右対称をなし、テラスから見晴らすことができるし、庭園のなかを歩くこともできるものだった。

プライヴィ・ガーデンの外には、マウント・ガーデンとよばれる小高い場

図1　現代のトピアリ。緑一色ではなく花も使われている（ロンドン市内）

所があり、テムズ川に近く、らせん小道で頂上にあがることができ、見晴らしのいいあずまやがある。ここの噴水は、本来なら下に流れ落ちるはずの水を噴きあげさせるという王の権力を誇示していた。

西側にはポンド・ガーデンとよばれる池の庭があり、三つの長方形の池が動物の像で装飾されていた。これは一六世紀半ばに流行った装飾過多のルネサンス式の最先端をいく庭のかたちであった。やがて、一七世紀になると、チャールズ一世がプライヴィ・ガーデンをその当時はやりの四分割デザインに変えた。芝生を四つ割にし、噴水を中央において、芝生には彫像を配置し、芝生のまわりを花で囲む。時代はまたややイタリア風にもどってきたのだ。

一七世紀末から一八世紀になると、ウィリアム三世とメアリー女王の時代にまた改修され、オランダ風をとりいれた。花壇がふえ、オレンジ栽培のための温室、オランジェリーもつくられた。

「結び目花壇（ノット）」とよばれるものは、エリザベス朝の庭の特徴である。庭の一部に囲われた四角の花壇をもうけ、刈りそろえた生垣で縁どりをする。その内側にリボンを結んだようなかたちや交差した十字のかたちになるように帯状の刈りこみをつくる。その刈りこみのあいだの空間にさまざまな花をうめこむように植えるのである。砂利（グラベル）を敷きつめることもある。雨の多いイギリスでは砂利が好まれた。この様式はその後パーテア花壇に地位をゆずるが、ひとときは隆盛をほこった。

また、「格子垣（トレリス）」もしばしば使われた。つる性植物の支柱として、また間仕切りとしていまにいたるまで重用されているが、古典主義様式の時代に定着したものである。囲うものでありながら、向こう側が透けて見えるという点で閉塞感がなく、自然へとひらいていく方向性をもっているものとして、次の世紀の庭を先どりしていて興味深い。

古典主義の時代　最盛期

一七世紀に入るとスチュアート王朝はフランスとの距離をちぢめ、庭園はますますイタリア式からフランス式にちかづいていくようになる。絶対王権の権力と財力の象徴としての宮殿と庭を誇示するフランスの庭園の代表は、ルイ一四世のおかかえ造園家、ル・ノートルのヴェルサイユである。中央軸線の左右に対称的におかれたパーテア花壇はまさしく花のカーペットで、古典主義庭園の最高頂点といわれる。

イギリスではこのフランス式大庭園をなんとか自国にもちこもうとさまざまな試みがなされた。この時期の代表的な庭園に「ウィルトンハウス庭園」（ウィルトシャー、ソールズベリ近辺）がある。一六三〇年代に造園に着手されたものでル・ノートルよりはやい。フランスの建築家イサーク・ド・コーを招き、第四代ペンブルック伯爵が整形庭園にととのえるよう委託した。この庭はイタリア式のように高低差をつけず平面性を重視し、彫刻を飾るのではなく、噴水と背の高い木を規則的に配置している。エリザベス朝の特徴であった「結び目花壇」のかわりに「パーテア」が全盛期をむかえていた。庭園設計図によると、中央軸線がはっきりと走り、その左右はきわだった対称性をなし、幾何学的な整形要素をくりかえしもちい、規則的に植林し、噴水を並べ、四分割庭園を並列させた巨大パーテアが広がり、それを囲む樹列、さらにそれを囲む石の壁、欄干風障壁が続いていく。庭全体が、屋敷の窓やベランダ、または張出テラスからながめおろす視線に対応してデザインされている。

　しかし不思議なことにこの一糸乱れるところのない整形庭園の中央の植林体のまんなかを、ななめにナダー川がよこぎっている。この川の流れを修正して直線にすることも、幾何学図形に組みこむことも、やればできたはずだが、コーはなぜかそれをしなかった。フランスの平坦な地の利をいかしてつくられた整形庭園は、丘陵地や小さな川の多いイギリスにはあまり向かなかったといわれ、このあとイギリスの庭園は不規則と自然を志向するようになるのだが、「ウィルトンハウス」のナダー川は「トレリス」同様、それを予知しているかのようである。

　イギリスではフランス式整形庭園の忠実な模倣は地形的な制約があり困難であったが、めずらしく徹底して造園したのは、第一二代ケント伯爵ヘンリーが自ら手をかけた「レスト・パーク」（ベッドフォードシャー、シルソー）であり、主軸の始点に宮殿、主軸の左右に対称的におく「パーテア」や芝生は階層的にだんだん自然へと広がっていくかたちとなっている。この階層性と無限の広がりがフランス式の特徴だった。

古典主義の時代　後期

広大な土地を所有する貴族や王室は、フランス式とオランダ式を混在させて風景園（樹林園）を含む大きな庭園をつくったが、土地にあまりゆとりのない中小貴族はもっぱらオランダ式の庭園を目指した。その例が「ウェストバリー・コート」である。ここにはオランダ式庭園の典型的な例を見ることができる。

騎士の身分のコールチェスター家が手がけたこの庭は、運河、ガゼボ（園亭）、クレール・ヴォワイエ（透かし柵）、カット・パーテア（芝生切り抜き花壇）をそなえた非対称の整形庭園である。カット・パーテアとは正方形の芝生を小道で四つ割にし、矮性のツゲで縁どり、芝生を幾何学形に切りとって花を植える。小さい球形と円錐型のトピアリを四辺におくものである。オランダ式庭園は、美と実用をかねそなえた小型で装飾的な点が特徴である。

しかし花を敷きつめたように植えるカーペット・ベッディング（毛氈花

壇）や、刈りこんだトピアリ、珍種の植物をもちいるフランス式＋オランダ式庭園はたいへん維持費がかさんだため、「ブラマム・パーク」のようにフランス式＋イタリア式の庭園を採用する庭もあった。

「ブラマム・パーク」（西ヨークシャー）は、ジェントリー階級の法曹家、ロバート・ベンソンが一七世紀末につくったもので、面積的には小さめである。彼は、フランス式整形庭園のアヴェニュー（並木道）を使って屋敷と森を一体化した。当初はなかったが、現在はアヴェニューの終着点に神殿がおかれて境界線を示している。神殿といってもこれは休息所として使われていた。家、庭、パーク（御料地）をつないで組織化した森林庭園とよばれるものであるが、屋敷近くに整形庭園があり外側に森や草地が広がる。屋敷は前時代のバロック的な趣味から変わって明快なシンメトリーのパラディオ様式で、庭はすっきりした幾何学的構成でできている。森や草地は植林園や牧草地、野趣園（ウィルダネス）などからなっている。この庭のような試みに、あらたな着想がはめこまれてイギリスの庭園はいよいよ、英国式風景庭園とよばれる独自の形式へ移行していったと思われる。

一八世紀の新しい庭園　英国式風景庭園

なだらかな草原にゆるやかにうねる小川、不規則に変化し、多様なあり方を見せるイギリスの「自然」そのものを庭としてつくる。この英国式風景庭園は、まえの時代のフランス式整形庭園の概念を真っ向からくつがえす形式である。庭をとりかこんでいた壁をとりはらい、外に広がる自然に向かってひらいていく。自然は直線を嫌うといって曲線を好み、左右対称な植えこみ花壇もやめてしまった。革新的な転換、とはいえその萌芽はまえの時代から垣間見えていた。風景式庭園を主張した先駆者には、ヘンリー・ウォットンやフランシス・ベーコンがいた。彼らは庭のなかに「喜ばしき混在」また、「荒地」があるべきだと主張していた。また、整形庭園のそばにおかれることがあった「野趣園」（ウィルダネス）も、風景式庭園のもとになったといえる。これは自然林を模して樹木を植え、そのなかを散策して楽しむ場所を指している。

　新しい概念の庭の提唱者として名高いのは、詩人のアレクサンダー・ポウプである。一七一三年に発表した論文で、整形庭園のわざとらしさを批判し、技巧的なトピアリを攻撃した。さらに「すべての点において自然を念頭におくこと。すべての点で、土地の精霊（ゲニウス・ロキ）に相談せよ」と説いて、土地の自然をいかした庭を理想とした。「庭をつくるのは風景画を描くのと同じである」と述べたのも彼である。

　また、蛇行性、左右非対称、不規則性という要素に影響をあたえたものに、中国の庭の「シャワラジ」がある。これは意味不明の中国語であるが、イギリスの庭園用語として定着し、東洋趣味とともに蛇行する曲線の美をもたらすことになった。

本来、囲われた場所であるはずの庭の垣根をとりはずして自然にひらいていくために、独特の「ハハー」（隠し堀）という仕組みがつくられた。地面に掘りこまれた境界であるため、視線をさえぎることがない。しかも外から家畜や動物が庭に入ってくるというような不都合もおこらない。とじつつひらく、ひらきつつとざす、庭という「自然」をつくるための巧みなやり方である。

初期風景式庭園

風景式庭園の初期の造園家であるウィリアム・ケントは「ラウシャム・パーク庭園」（オックスフォード州）で、ハハーをうまく利用して壁で囲まれた庭を自然に開放することに成功した。もともとこの庭園の基本骨格は、ハハーの創始者といわれるチャールズ・ブリッジマンがつくったものである。施工主はジェイムズ・ドーマー将軍。基本的に風景式庭園は、貴族ではなく裕福な中産階級のものである。

「土地の精霊」をいかした設計で、芝生地にはローマ神話の神像が立ち並び、古典世界を現出するが、川向こうにはイギリスの田舎の景観が広がっている。そしてゴシック的な中世の廃墟が色を添える。庭のなかにある直線はニレの散策路のみで、このあとよくつくられることになる「サーペンタイン・リル」（蛇行する遺水）を配し、すべてが非対称の曲線で構成された。これに加えてケントは道を曲線化し、林を手直しして視線を通しやすくしたうえで、歩くにつれて次々と風景画が現れるように趣向を凝らした。自分自身が画家出身であったケントは、クロード・ロランやガスパール・プッサン、サルバトーレ・ローザらの描いたイタリアの歴史的風景画に精通しており、それらの絵そっくりの「自然」（これをピクチャレスクという）を現出したのである。こじんまりしてはいるが、この庭園はイギリスの風景にゴシック趣味を加え、イタリア絵画のアルカディアを模した初期風景式庭園の傑作といわれている。

風景式庭園の変遷

「ストウ庭園」（バッキンガム州）は代々テンプル家が所有する敷地につくられた庭園で、初代コーパム卿リチャード・テンプルが、それまであった整形庭園を三〇年の年月をかけて改修させたものである。この改修工事が、英国式風景庭園そのものの様式の変化に対応しているといえる。コーパム卿が採用した造園家が、順にブリッジマンからケント、そして最後にこの形式を仕上げたともいえるブラウンであった。

王室庭園師であったチャールズ・ブリッジマンは、一部に蛇行する曲線をそなえた半整形式をとりいれ、ハハーとテラスウォークに囲まれた、なかをめぐり歩くことができる庭をつくった。これは「多様性とおどろき」に満ちたもので、屋敷、庭、風景園が一体化された初期風景式庭園の典型であった。ウィリアム・ケントがつけくわえたのは、「エリューシオンの野」とよばれる自然の美をいかした風景で、ここには古典様式の建物が点在する。平面や直線によらない新しいデザインだと称賛された。最後に「ギリシャの谷」を担当したのがランスロット・ブラウンで、コーパム卿の指示を受け自然風景式庭園の景観の原型を誕生させた。ハハーの内部には、芝生、樹群、湖、川、橋、グロットー（人口洞穴）、うねる散策路、点景建築、ゴシック風寺院、屋敷がそろい、はるか向こうには放牧地、耕地、森林、川、湖、領主が狩りをするための鹿園が広がる。その後、甥のテンプル伯が引き継ぎ、一八世紀後半に風景式を庭全体に広げて仕上げるにいたった。

最盛期の風景式庭園

土地の可能性を最大限に引き出すことをモットーにしていたため、「ケイパブル（有能な）」ブラウンの異名を冠されたランスロット・ブラウンは、風景式庭園を完成させた造園家である。彼の代表作として名高いのは「ブレニム宮殿」の庭（オックスフォードシャー）である。七九二万平米にわたる広大な土地は、初代モールバラ公爵がアン女王から賜ったもので、一七〇五年、彼はここに屋敷を建てた。庭園は古典主義造園の最終段階を担ったヘンリー・ワイズが手がけた壮大なフランス式整形庭園であった。一七六四年、風景式庭園の最盛期に、第四代モールバラ公爵は、ケイパブル・ブラウンを雇ってこの庭園をすっかりつくりかえさせたのである。

ブラウンは、まずは人工的な装飾要素を全廃した。巨大パーテアのあとには見晴らしのいい緑の芝生をおいた。直線で建物に近づく道を蛇行するうねうね道に変え、点在する自然林のような樹塊を抜け、芝生を迂回するようにめぐらせた。古典主義の時代のように、自然はもはや人間に従属するのではなく、人間をつつみこむ。

また、ブラウンはグライム川をせきとめ、人工湖をつくって、そこにあった石橋をなかば水没させて自然と一体化させた。蛇行する湖岸には木々が茂り、人工湖であるとは思えないたたずまいとなった。水量の調整のためにつくられたダムは、奔放に流れ落ちる滝として演出された。

ブラウンの手法では、敷地の境界線に垣根や壁をおくのではなく、自然風の植林の密度を高めて配置する。森は視野をさえぎるが、奥行きを想像させ、広大な庭をより広く見せる効果があるのである。開放感はあるが、淡々とした広がりになりがちな中央部の単調さをやぶるため、周辺の森と同種の樹木、多くはブナの木を二、三〇本かためて植え、こんもりした「樹塊」がつくられた。この樹塊は不ぞろいで、不規則に並び、いかにも自然に見える。「自然に見える」「自然風の」ということばを多用することからもわかるように、ブラウンの庭は自然そのものではない。かぎりなく自然にちかい風景を、計算しつくした配慮によって演出する。風景式庭園とは、巧みにつくりだされた人工の自然がかぎりなく自然に見える庭のことなのである。

　樹塊が芝生空間を引きしめて見せたと同様に、湖面を美的に演出するのは人工の島である。クイーン・エリザベス島は、異国情緒を醸しだすレバノン・ポプラが植えられていて、あたかも緑の噴水が水を吹きあげているように見える。

　イギリス全土で風景式自然庭園が流行し、それまでは整形庭園であったものもほとんどがブラウン式の庭園に改修された。しかし「戸口まで緑」がモットーであったブラウンの庭園には花がない。緑一辺倒の庭に、しばらくすると人々は飽いてきた。風景式庭園の最後の巨匠はハンフリー・レプトンであるが、彼は花のある装飾園を復活させた。

ピクチャレスクからガーデネスクへ

ブラウンの後継者として内外に名乗りをあげたレプトンは、部分的にイタリア式整形庭園を復活させ、家の近くに花のあふれる花壇をおいた。「ランドスケープ・ガーデニング」という用語を定着させ、客からの依頼を受けると庭園の計画を、改修前後の図を添えて見積もりを出すというやり方をとり、この見積書を「レッドブック」とよんだ。ここにおいてガーデニングは完全に趣味のものではなく、ビジネスとなったのである。彼は庭のなかに田園風のひなびた建物をおき、庭と建築の調和をはかった。自然風でありつつ古典的要素を復活させ、そこにカントリー調を加味する。一九世紀末から二〇世紀にかけての「コテージ・ガーデン」を先どりするやり方であった。代表的なものに、「ウォーバン・アビー」（ベッドフォードシャー）などがある。

　レプトンのあとに続いたのはジョン・ラウドンで、ブラウンの庭園の単調さを批判し、整形庭園的なところをふやして、庭が庭らしく美しさを発揮するように技術を凝らした。彼の趣向は、風景画らしさを追求した「ピクチャレスク」に比較して、「ガーデネスク」（庭らしさ）とよばれる。『造園百科事典』を著し、樹が本来嬉々として伸びたいように育てるというやり方を提唱した。また、ラウドンは色あざやかな外国種の花を愛し、エキゾチックなもの、珍奇な種、生育のむずかしい植物を珍重した。こうした植物は温水を循環させる温室の暖房システムが完成したことにより可能になり、冬は温室で保護され、夏は陽光にあてて育てられた。とはいえ、庭園史は自然を制圧する古典主義の方法にはもうかえることはなかった。彼はまたサッシの仕組みを発明し、透明なガラスの温室の可能性をひらいたことでも知られている。
ラウドンのもうひとつの功績は「公園」デザイン、つまり一般市民の娯楽施設としての庭園をはじめたことである。一九世紀半ば、公共空間の造型がついに現れたのであった。

ヴィクトリア朝の庭園

この時代の庭の特色は、いままであったさまざまな様式の庭を小規模ながらとりあわせ、組みあわせるという点である。当時大流行したエジプト趣味、中国趣味なども存分にとりいれられた。東洋やアフリカなどにめずらしい植物を求めて探検に出かけ、現地の植物をもちかえった人々のことをプラントハンターとよび、その存在は前世紀からイギリスの庭園にも食生活にもそのほかの文化にも多大な影響をあたえていたが、ヴィクトリア朝はとりわけ収集熱がさかんになった時代である。そのことを反映し、温室に南国の植物を植えたのみならず、北米の針葉樹、中国や日本のツツジやカエデ、ブータンのシャクナゲなど世界中の植物を庭に植えるのがさかんになった。

地主で実業家であったジェイムズ・ベイトマンが丹精こめてつくりあげた「ビダルフ・グレンジ庭園」（スタッフォードシャー）はそのようなヴィクトリア朝の庭の代表格である。イタリア庭園、風景式庭園、中国庭園、日本庭園、フランス式の小規模な庭が次々に続き、あらゆるところにエジプト趣味と中国趣味がちりばめられている。ランを愛好したベイトマンは、祖父の代からランの研究と収集に奔走していた一族ともあって、温室でさまざまな種類のものを育てていた。

多くのヴィクトリア朝の庭園は、花に派手で原色にちかいあざやかな色のものを求めたので、インドやブラジル、ペルー、南アフリカから送られてくる植物を温室で育て、パーテアやカーペット・ベッディング（毛氈花壇）に植えこむというやり方が多用された。このような庭では花のさかりの一年草をしょっちゅう植えかえて、色や模様を保つのだ。オレンジ色、緋色、紫、黄色、青、白などの花をつめこみ、単色、点描、帯状などさまざまな文様を描きだす。おどろくべきあざやかさ、色の炎、炎のごとく植えこまれたあらゆる色の花、などという文言が庭の描写にもちいられたことからも、色彩のあざやかさこそ、この時代の庭にもっとも求められた資質だということがわかる。

庭師がもっとも腕をふるえる庭らしい庭として「ガーデネスク」という様式が定着すると、かなり俗っぽいものになるのは避けられなかった。贅沢で大がかりで商業主義的なスタイルが流行すると、それに異をとなえる人ももちろん出てくる。

現代の庭の源流

様式の百花繚乱ともいえるようなヴィクトリア朝の庭は、にぎやかに、しかしどこか決定的な特徴を欠いたままこの時代の終わりをむかえるのだが、そこにひとつの方向性がようやく見えてくる。現代の庭園に直結する流れであり、それがウィリアム・ロビンソンの「ワイルド・ガーデン」である。

古風で地味な多年草を群として植え、長い時期を楽しむ。色彩配置に留意し、対照より調和を重んじる。地方性を重視し、自然な植栽と地方独自の土や建物と調和させることを優先する。壁際に沿ったボーダー花壇をつくり、奥行きや高さをも配慮した植えこみをつくる。ロビンソンは、整形庭園は家の周囲のみとし、あとは自然にひらかれていく庭を構想した。

ちょうど同じころ、ロビンソンのライバルとして登場したのがレジナルド・ブロムフィールドである。彼はとじられた整形庭園を強調し、屋敷と庭の関係性と調和を重んじて、エリザベス朝の整形庭園こそ風景式庭園が流行する以前の「古き良きイングランド」を表わす英国的なものだと考えた。まさにウィリアム・ロビンソンの対極である。ふたりは整形VS自然、とざされた庭VSひらかれた庭という対立をめぐり熾烈な論争をくりひろげた。ブロムフィールドは著名な建築家であり、代表作はケント州「ゴディントン・ハウス」、オックスフォードシャー「サルグレイヴ・マナー」である。いくつかの区画に分割した整形庭園で、結び目花壇が特徴的である。

ブロムフィールドとロビンソンはおたがいを批判しつつ持論を展開していた。建築家出身のブロムフィールドは建築物との連続性と調和を重視した「構築的」庭を、植物学、農学を経て造園にいたったロビンソンは植物の生態に即した「自然な」庭を志向した。だがふたりに共通していたのは、同時代の装飾過多のヴィクトリア朝庭園への異議申し立てであり、とりわけその華美なカーペット・ベッディング（毛氈花壇）に対する嫌悪感であった。

ふたりの論争はやがてロビンソンの愛弟子であるガートルード・ジーキルの登場で、理想的なかたちに止揚されることになる。ジーキルの庭園の典型的な例は「ヘスタークーム庭園」（サマーセット州）に見ることができる。ロビンソンとジーキルが活躍したのが、イングランドの庭園ともよばれるサリー州であったことから、ふたりとその周囲の人々は「サリー派」とよばれることもある。

昔からある植物と馴化植物をごく自然にはえてきたもののように植えるロビンソンの「ワイルド・ガーデン」を芸術の域に高めたのがジーキルであった。画家出身のジーキルは色彩理論を応用し、絵を描くように色を配置した。ヴィクトリア朝の庭園によくある対照的な色のとりあわせと派手なだけの色合いを避け、ブルーと薄黄色、オレンジと赤の濃淡など、洗練された色の組みあわせをもちい、花だけではなく葉の色もいろどりにもちいた。ローズマリやラベンダーの銀灰色の葉を、花の色のあいだのクッションとして使うとやわらかな雰囲気が醸しだせる。サクラソウ、ギボウシ、クレマティスなどの地味な色合いもよくもちいられた。また、ヴィクトリア朝好みのエキゾチックな珍種好みを避け、どこの植物であれイギリスの冬にたえる耐寒性をもつものを選び、温室や度重なる植えかえをしなくても一年中楽しめるようなさりげなさを目指した。

ヴィクトリア朝のエキゾチック好みのせいで、イギリス固有の種が根こそぎ駆逐され絶滅の危機に瀕することもあったが、ロビンソンやジーキルのような自然派のガーデナーの存在はその防波堤にもなった。

コテージ・ガーデン

建築家ラッチェンスと組んで仕事をしたジーキルは、家と庭を一体のものと考え、現在イギリスらしい庭とかコテージ・ガーデンといわれているような現代庭園をつくった。また、はじめての女性造園家でもあった。

コテージとはもともと田舎の小さな農家を指す。農場主が住む立派なものではなく、屋根が大きく軒が低く窓が小さく、台所で火をたけば家中に煙がこもるような粗末なもので貧しい人々が住んでいた。庭も立派なものではなく、表庭と裏庭（バックヤード）からなっていた。裏庭には納屋がありアヒルや鶏が飼われていた。野菜や家畜のえさにする植物が植えられ、果樹とバラ、スイカズラの蔓が壁にはう、といったものである。イギリスの庭園が古典主義から風景式に変化していくそのかたわらで、貧しい小作人の家には質素なコテージ・ガーデンがつくられ、脈々とその伝統が引き継がれていた。

　このような田舎家がたんなる農村の労働者の住まいとはいえなくなったのが一八世紀以降である。もはやコテージは貧困の住まいではなく、わざとひなびた田舎風の別荘として都会の裕福な人々がコテージ仕立ての家を求めるようになったのである。都市が都会化していくにつれ、自然が遠いものになるにつれ、素朴な田舎の生活は理想化され田園生活へのあこがれが募っていった。中産階級の裕福な人々のあいだで、コテージは感傷的な郷愁あふれる理想的な田舎暮らしのイメージにいろどられ、緑の鎧戸、藁ぶき屋根、壁につたうスイカズラの花、あたたかく幸せな家庭として夢想されるようになった。

　生垣に囲まれ、庭にタチアオイ、石垣のすみに咲きこぼれるナデシコ、リンゴの木に花が咲き乱れる、といったようなコテージ・ガーデンはその理想化されたかたちが、マイルズ・バーセット・フォスターやヘレン・アリンガムの描いた水彩画に描かれている。彼らの絵は、感傷的すぎるとかヴィクトリア朝的あまさがあるとか批判されることもあるが、アリンガムはとりわけサリーやサセックスの風景をよく描き、ガートルード・ジーキルの庭にも相互影響をあたえあったことはまちがいない。

素朴な田舎家の庭は、素朴を装った理想的なコテージ・ガーデンとなり、ジーキルらの洗練を経て、現在イギリス風の庭園といえばこれを思いうかべる人も多いにちがいないものに到達したのである。著名な庭園にバークシャーの「フォリー・ファーム」、先に述べたサマーセット州の「ヘスタークーム」、ハンプシャー州の「マナーハウス」などがある。基本的に整形庭園ではあるが、野や森をそのまま楽しむ自然庭園も含んでいる。装飾は簡素で、庭の主役はあくまで花や植物であり、しかもイギリス固有の植物がおもに選ばれて「イギリスらしさ」を演出した。

ボーダー（境栽）花壇は、園路や花壇の縁飾りとして古くからあったものであるが、ジーキルがつくったと思われるくらい、彼女が得意とした花の植え方である。植栽実験や色彩理論の応用を使い、宿根草をもちいて、春から秋まで次々と咲く花が移り変わり、長いあいだ楽しめるものを工夫した。彼女が自分の住処であり仕事場でもあったマンステッド・ウッドにつくったボーダー花壇は、二〇〇フィートの長さ、一四フィートの幅で、両端は灰色、青がかったグレイの草ではじまる。そこに青、青灰《ブルー・グレイ》、白、淡黄、淡いピンクの花を、ひとつにまとめたり相互に混ぜたりして配する。中心に向かって黄色、オレンジ、赤と並べ、中心が赤になる。背後には砂岩の石壁があり、背後にいくほど草丈は高く、手前に来るほど低いかたちに植えこまれている。

暖色系のみのボーダーも、青と銀灰色のボーダーもある。

アメリカ人ロレンス・ジョンストンが富のかぎりをつくしてつくりあげたコッツウォルド地方の「ヒドコート・マナー庭園」は、いままで存在した庭園のすべてを含んでいて、庭園と園芸の百科事典のようだといわれるくらいで、現代のイギリス庭園のなかでも人気が高い。

コテージ・ガーデンに学び、ガートルード・ジーキルの色彩論をさらにおしすすめて「シシングハースト・カースル」の庭をつくりあげたのはヴィタ・サックヴィル＝ウェスト。この庭は彼女の夫のハロルド・ニコルソンが整形式の枠組みをつくったのだが、そこにサックヴィル＝ウェストはコテージ・ガーデン風の植えこみを施した。白一色で統一されたホワイト・ガーデン、オールド・ローズを復活させたバラ園、香りのいいハーブ・ガーデンなど、彼女ならではの感性をいかした庭づくりには共鳴する人が多かった。こうして二〇世紀になるとジーキル、サックヴィル＝ウェストが先鞭をつけ、多くの女性たちが庭をつくりはじめるのである。

ベス・チャトーの奇跡の庭

二〇世紀後半のイギリスの庭園で有名なのは、世界一のプランツウーマンとよばれるベス・チャトーがエセックスにつくった庭である。夫アルフレッドは植物生態学者で、ベスはその教えを受け「適切な土地に適切な植物」をモットーに、北海に面した厳しい気候の土地に庭をつくった。それは雨が降らない砂利だらけの重い粘土層で不毛の地であった。彼女は一九六〇年代から一生をかけ土壌改良をくりかえし、この土地に合う乾燥に強い植物を集め、水やりのいらない庭をつくった。この庭園にはいっさい人工的な水やりはされていない。また、庭と庭を区切る整形式の区画がなく、花壇が島状に存在するのもチャトーの庭の特徴である。

　二〇一八年ベスが亡くなると、孫娘のジュリア・ボルトンがあとを引き継いだ。コテージ・ガーデンとはまた一風変わったナチュラルな庭、奇跡のエコガーデンとよばれている。

コラム 7
プラントハンター

人類史はじまって以来、植物の魅力にとりつかれ、人跡未踏の奥地や遠い海外などに植物採集に出かけた人々のことを、プラントハンターという。めずらしいものを見つけだし、手に入れることが目的で、所有・蒐集欲ももち探検家としての側面ももってはいるが、多くは常軌をいっした行動や目的に向かう一途な情熱を共有している、と白幡洋三郎は『プラントハンター』（一九九四）で述べている。

薬効、食料、香料、繊維等にするための有用植物、観賞用の美しくめずらしい植物を探すのが最初の目的であったにしろ、新しいものへの好奇心、未知のものへのあこがれがつのり、とりわけ一七世紀からこのかたプラントハンターたちの活躍は、多岐にわたって世界に影響を及ぼしていった。とりわけオランダ、イギリスが精力的にプラントハンターを中南米、東アジア、オーストラリアなど世界中に派遣し、植物を集めさせたことが知られている。

一八世紀のイギリスがプラントハンターの全盛期である。キュー・ガーデンズを中心に、全世界規模で採取、収集、研究がおこなわれ、チャノキやゴムノキなど産業化されていったり、ヴィクトリア朝の庭園をあざやかにいろどったりした。

ジョージ三世のもと、キュー・ガーデンズの顧問をつとめ、経営に腕をふるったジョゼフ・バンクスはそんなプラントハンターのひとりである。自然史の父ともいわれ、博物学者でもあったバンクスは、ジェームズ・クックの第一回目の航海（一七六八―七一年）に同行し、南太平洋地域で膨大な新種を蒐集した。そのうち七五種の植物にはバンクスの名が使われている。ユーカリ、アカシア、ミモザをはじめてイギリスに導入した。自ら探検の旅におもむいたとはいえ、バンクスは貴族階級の出身で上層部の人間であった。どちらかというとフィールドワークの人というよりは、植物園ネットワークを構築し、人材を派遣して、キュー・ガーデンズに世界中の英知を集めるということに力をつくした。彼が指示して送りだされた公式プラントハンター第一号は、フランシス・マッソンである。

一七四一年、スコットランドのアバディーンに生まれたマッソンだが、出自や生い立ちはほとんどわかっていない。おそらく労働者階級の出身だったと思われる。彼はキュー・ガーデンズに下級庭師として勤務していたが、そのころ、バンクスが計画した国益のための世界植物蒐集戦略の一環として、アフリカの喜望峰に派遣された。給料を支払われて派遣されたという意味で、最初の公式プラントハンターといえる。

マッソンはキャプテン・クックの二回目の探検旅行に同行し、ケープ植民地で採集活動をおこなった。そこにはオランダ東インド会社が派遣したスウェーデン人の植物学者ツンベルクがおり、ふたりは協力して四か月に及ぶ大旅行をおこない、三年後には四〇〇種をこえる植物をイギリスに送った。

マッソンがイギリスの植物学、園芸学にもたらした恩恵ははかりしれない。とりわけ彼のもちかえった植物のなかには、その後長らくイギリスの家庭で親しまれることになる園芸植物が数多く含まれていた。エリカ属、ロベリア属、オクザリス（カタバミ）属などがあるが、とりわけベルゴニウム属五〇種は、今日ゼラニウムとして知られているもので、たいへん人気を博して広く愛好されることになる。イギリスだけではなく、ヨーロッパ中で、建物の窓辺を飾る赤やピンクの花として、風景にも

ベルゴニウム。ゼラニウムの名で親しまれている

欠くことのできない植物である。丈夫で挿し芽でふえるので簡単に栽培することができ、品種改良も進んでさまざまな花のかたちや色が楽しめる。

もうひとつ、花壇や花束にもちいられる華やかでエキゾチックなゴクラクチョウカもまた、マッソンが南アフリカからもちかえったものだ。極楽鳥の頭部にそっくりなあざやかな花に人々はおどろいた。上司のバンクスは、この花の属名を「ストレチリア」とつけた。パトロンであるジョージ三世の后、シャーロットにちなんで彼女の出身であるメクレンブルク＝シュトレリッツからとったのである。発見した植物に自分の名前をつけるのがプラントハンターの野心であるが、マッソンは非常に謙虚な人柄で、その後カナリア諸島やスペイン、ポルトガル、ふたたび南アフリカへと採集を続けたが、一八〇五年、北米におもむいたとき、厳寒のモントリオールで凍死したといわれている。

一七七六年、キャプテン・クックの三回目の探検旅行につきしたがったキュー・ガーデンズ派遣のプラントハンターは、デイヴィッド・ネルソンであった。オーストラリア、タスマニアで採集したアカシア、ユーカリが有名で、杉葉アカシアはのちに「ネルソンのミモザ」とよばれるようになった。彼は上陸したひとつの場所で採集をおこなうのではなく、ずっと航海に同行して範囲を広げ、アリューシャン列島で採取したキンポウゲの一種はラヌンクルス・ネルソニーと名付けられた。

一九世紀になると、ウォードの箱とよばれる容器のおかげでハンターたちの努力の結果は遠隔地にしっかりととどけられ、根づくようになり、活躍の場面も広がった。彼らの職業としての地位も向上し、新規植物の商業化に大きく貢献するようになった。

イギリス以外の国のプラントハンターとしては、ドイツのアレクサンダー・フォン・フンボルト、詩人でもあるアルフレッド・シャミッソー、長崎に滞在したフィリッツ・フランツ・フォン・シーボルトなどが有名である。彼らと、チャノキの輸入をはたしたロバート・フォーチュンらは、中国、日本に足をのばし、ツバキ、サクラ、シャクナゲ、タケ、アジサイなど、ヨーロッパの庭園に欠かせない植物をもちかえったのであった。

ペリーが黒船で来航したときにも、プラントハンターがふたり同行しており、精力的に日本の植物を求め、採集した。

コラム8
ウォードの箱

遠いアジアやアフリカ、南米、オーストラリアなど全世界に散らばっていったプラントハンターたちは、どうやって植物を生きたままもちかえっていたのだろうか。

もちろん種や球根なら割合簡単にもちかえることができる。しかし現生地を離れた植物は、しばしば気象条件や土壌のちがいのため発芽しなかったし、同じ状態で育ってくれるわけではなかった。押し花の状態でもちかえるにも、数か月に及ぶ船の長旅で湿気にやられたり塩気でだめになったりすることも多かった。ましてや生きたままの植物は、一八三四年、この装置が発明されるまでは本当にもちかえることが困難だったのだ。

ウォードの箱（ウォーディアン・ケース）は、生みの親ナサニエル・バグショー・ウォードの名前をとって名付けられた。ガラス製の四角い箱で、少量の土に生きた植物を植えこみ、きちんとふたをして輸送する。密封状態で、植物は自分自身の呼吸作用によって水分を得ることができる。長時間ふたをあけず、空気の成分が変わらないようにするのがこつである。この箱で直射日光を避け、波しぶきがかかるのをふせげば、たいていの植物は何か月もの船旅にたえられた。

つまり、現在「テラリウム」とよばれる装置だ。これは近代における植物運搬のためになくてはならないものとなり、プラントハンターたちに使用された。

ウォードがこの箱を思いついたのは、偶然だった。彼はロンドンの下町ホワイトチャペルの開業医

木枠にガラス板をはめたウォードの箱

であったが、植物や昆虫が大好きで、一日数時間を植物採集にあてるほど熱心なアマチュア博物学者だった。ある日、土を入れたガラス瓶に虫のさなぎを入れたまま放置していたところ、瓶のなかで発芽したらしいシダが元気に育っていることに気がついた。その後シダは水をやらないのに四年間枯れずに瓶のなかで育った。これをウォードは園芸にいかそうと考えたのである。

当時のロンドンは、石炭を燃料としていたため煤煙による大気汚染がひどく、ウォードが自宅の庭で栽培していたシダ植物類は枯れてしまう。窓辺にシダやゼラニウムを植えて小さな庭を楽しもうという労働者階級の人々のために、この瓶の応用は役に立ちそうだった。

そこで彼は大工に箱を組みたててもらい、密閉したガラス箱のなかで植物を育てるやりかたを実験のうえ公表した。この方法は成功した。

　また、海をこえる一八三三年の検証により、ロンドンからオーストラリアを往復する片道六か月の船旅を植物がもちこたえることがわかった。途中一度も水をやらず、赤道を通過し、雪をも経験し、温度はマイナス二〇度から四八度まで上下し、嵐にもあったにもかかわらず。

　ウォードは、のちにキュー・ガーデンズの管理者をつとめることになるウィリアム・ジャクソン・フッカーと知りあいであったが、彼の息子ジョゼフ・ダルトン・フッカーは植物探検家として活躍した人である。ジョゼフ・フッカーは、一八四一年、南極地方を就航するＨＭＳエレボスで航海中、ニュージーランドからイギリスへ、植物を輸送するため、はじめてウォードの箱を使用した。世界中の植物をイギリスへ、キュー・ガーデンズへ集めるのに革命的な装置であった。

　商業的に非常に大きな価値をもち歴史を変えた植物といえば、中国のチャノキ、南アメリカのゴムノキ、キナ（マラリアの薬、キニーネの原料）であるが、これらもウォードの箱のおかげで原産地を出てイギリスにわたったり、植民地に移植されたりして農場で生産されることになり、産業にも大きな影響をあたえた。

　ウォードの箱は、ナサニエル・ウォードの当初の目的にも貢献した。つまり、ガラスの箱にシダを植えて室内に飾るという、テラリウムとしての用途である。テラリウムは大流行となり、ヴィクトリア朝の居間にはガラス箱に植えられたシダやランがおかれ、暗い冬の日々にも人々の目を楽しませた。エキゾチックな東洋のシダやランを小さなガラスの箱にとじこめ、蒐集し所有し鑑賞するというのは、まことにヴィクトリア朝的な趣味であった。

おわりに

ガートルード・ジーキルが長い生涯ほとんど住み、その風景を愛したのはイギリス南部のサリー州である。ロンドンから一時間、州都のギルフォードはルイス・キャロルが死去した場所であり、記念館や墓もある。一九九九年から二〇〇〇年にかけてイギリスに滞在した折、私が住んでいたのはロンドン郊外のウィンブルドンで、鉄道を使えばギルフォードまではすぐだった。長い日曜日の暇をもてあましたときには、よくこの界隈に出かけていった。ほどよく田舎でほどよく街で、一日ハイキングができるようなコースがたくさん、ギルフォードを出発点として伸びていた。林や森が点在し、草をふみしだいて野原や牧場をこえていくと、ウィールズとよばれるこの地方独特の丘陵地が空の下にずっと遠くまで連なり、白い風力発電の風車が柱の先でからからとまわっていた。

なんの予備知識もなく、とつぜんマートン・アビーのモリスの工房跡やフレデリック・ウォッツのギャラリーに出くわしたり、『ドラキュラ』に登場するゴダルミング男爵の名前の駅に到着したりしたのも、こんなひとりの散歩の道筋だった。ガートルード・ジーキルの名前だけは知っていたので、ここが彼女が長年住んだマンステッド・ウッドに近いことはわかっていたのだが、ゴダルミングの博物館に彼女の作品や書物があるとは思いもせず惜しいことをした（図1）。

こうしてここで改めてガートルード・ジーキルの生涯をまとめなおしてみると、一九世紀末から二〇世紀初頭のイギリスの歴史が土地とともによみがえり、いままで思ってもみなかった人と人とのつながりをあらたに発見することになった。もう一度ぜひ、サリーの各地をたずねてこの目で確認してみたい思いにかられる。

彼女は第一次大戦後まで生き、八九歳で亡くなったが基本的にエドワード朝人であった。古き良きイギリスを愛した保守的な中流階級の頑固な、しかし愛すべき女性だったと思われる。彼女の人柄と彼女の生きた時代を、庭園をとおして、そのプラスもマイナスも含めて、すこしでも伝えることができていたらいいのだが（図2）。

なお、Jekyllという名前は、正確には「ジークル」と発音するのだが慣習的に「ジキル」「ジェキル」「ジーキル」と表記されてきたので、ここでは「ジーキル」とした。またLutyensについても「ラティエンス」「ルーティエンス」などばらつきがあるが、もっとも一般的であると考え「ラッチェンス」とした。

図1　マンステッド・ウッド　池を見下ろすテラス

図2　イギリスらしい庭の典型（『いくつかのイギリスの庭』ジョージ・エルグッド挿絵より）

参考文献一覧

＊ガートルード・ジーキルの著作（発行年順）

・*Wood and Garden*. Longman Green, 1899.

・*Home and Garden*. Longman Green, 1900.

・*Lilies for English Gardens*. Country Life, 1901.

・*Wall and Water Gardens*. Country Life, 1901.

・*Roses for English Gardens* (with Edward Mawley). Country Life, 1902.

・*Old West Surrey*. Longman Green, 1904.

・*Some English Gardens*. Longman Green, 1904.

・*Flower Decoration in the House*. Country Life, 1907.

・*Colour in the Flower Garden*. Country Life, 1908.

・*Children and Gardens*. Country Life, 1908.

・*Gardens for Small Country Houses* (with Laurence Weaver). Country Life, 1912.

・*Annuals and Biennials*. Country Life, 1916.

・*Garden Ornament* (with Christopher Hussey). Country Life, 1918.

・*Old English Household Life*. Btsford, 1925.

・*A Gardener's Testament*. Country Life, 1937.

＊そのほかの参考文献

・Brown, Jane. *Gardens of a Golden Afternoon: The Story of a Partnership.* Penguin Books, 1985.
・Gould, Veronica Franklin. *Mary Seton Watts (1849-1938): Unsung Heroine of the Art Nouveau.* Watts Gallery, 1998.
・Gunn, Fenja. *Lost Gardens of Gertrude Jekyll.* Macmillan Pub Co, 1991.
・Festing, Sally. *Gertrude Jekyll.* Penguin Books, 1993.
・Hobhouse, Penelope. ed. *Gertrude Jekyll on Gardening.* National Trust and William Collins, 1983.
・Tankard, Judith B. *Gardens of the Arts and Crafts Movement: Reality and Imagination.* Harry N. Abrams, Inc., 2004.
・Tooley, Michael J., Arnander, Primrose. ed. *Gertrude Jekyll: Essays on the Life of a Working Amateur.* Michaelmas Books, 1995.
・Wallinger, Rosamund. *Gertrude Jekyll's Lost Garden: The Restoration of an Edwardian Masterpiece.* Antique Collectors Club, 2000.
・Wood, Martin., Tankard, Judith. *Gertrude Jekyll at Munstead Wood.* Pimpernel Press Ltd., 2015.
・赤川裕『英国ガーデン物語　庭園のエコロジー』研究社出版　一九九七
・安藤聡『英国庭園を読む　庭をめぐる文学と文化史』彩流社　二〇一一
・アンヌ・スコット＝ジェイムズ『庭のたのしみ　西洋の庭園二千年』オズバート・ランカスター絵　横山正、増田能子訳　鹿島出版会　一九八四
・飯田操『ガーデニングとイギリス人　「園芸大国」はいかにしてつくられたか』大修館書店　二〇一六
・岩切正介『英国の庭園　その歴史と様式を訪ねて』法政大学出版局　二〇〇四

・ヴァージニア・ウルフ『オーランドー』杉山洋子訳　筑摩書房　一九九八
・ガートルード・ジーキル『ジーキルの美しい庭　花の庭の色彩設計』恵泉女学園大学園芸文化研究所監修　土屋昌子訳　平凡社　二〇〇八
・川崎寿彦『庭のイングランド　風景の記号学と英国近代史』名古屋大学出版会　一九九七（新装版）
・白幡洋三郎『プラントハンター』講談社　二〇〇五
・ジリアン・ネイラー『アーツ・アンド・クラフツ運動』川端康雄、菅靖子訳　みすず書房　二〇一三
・スチュアート・デュラント、クリストファー・ミルズ、大場秀章『キュー王立植物園所蔵　イングリッシュ・ガーデン　英国に集う花々』求龍堂　二〇一四
・中尾真理『英国式庭園　自然は直線を好まない』講談社　一九九九
・松平圭一『文化史からたどる英国式庭園　デザインされたランドスケープ』ふくろう出版　二〇一一
・宮前保子『〝イングリッシュ・ガーデンの源流〟ミス・ジーキルの花の庭』学芸出版社　二〇〇一

西暦	年齢	ジーキルをとりまくできごと	世の中のうごき
1912	68	『ちいさなカントリーハウスのための庭』共著、タイタニック号遭難の記念碑共同制作。ハーバート、隠退	バルカン戦争。二度目の印象派展
1913	69	マンステッド・ウッドにヒース・ガーデンをつくる	ブカレスト条約
1914	70	姪パメラの夫レジナルド・マッケンナ内務大臣。最後の日付入り写真を撮る	第一次世界大戦勃発
1915	71	オットライン・モレル夫人と文通、オクタビア・ヒルの記念碑制作	ルシタニア号撃沈される
1916	72	テキスタイル作品をヴィクトリア＆アルバート博物館へ寄贈。姉の夫、死去	ソンムの戦い
1917	73	ヴィタの母サックヴィル夫人、ラッチェンスとマンステッド・ウッド訪問。戦死者記念碑手がける。鶏を飼う	合衆国参戦。ロシア共和国に
1918	74	『庭のオーナメント』出版	
1919	75	一時期難聴に。病気長引く	パリ講和条約
1920	76	ラッチェンスに「デリーのモデルの木」つくる。ニコルソンに肖像画を描いてもらう。ケントに引っ越すエドワードに庭をデザイン	オスマン帝国終焉
1921	77	エドワード、死去	
1922	78	バスブリッジ墓地のデザインを監修	アイルランド自由州。イタリアでムッソリーニ台頭
1923	79	ラジオをとりつける	関東大震災
1924	80	メアリー王妃の人形の家の設計と庭のデザインをする	最初の労働党内閣
1925	81		ヒットラー登場
1926	82	アザレア受賞	のちのエリザベス二世生まれる
1927	83	レオニー・ブルメンタール、死去、遺産のこす。ザンバック、隠退	
1928	84	キャリー、死去	
1929	85	ウォルター、死去。RHS賞受賞	ウォール街の株暴落
1930	86	43編の記事を書く	ガンジー第2次不服従運動
1931	87	ルピナスで受賞	スペイン共和国に、日本満州占領
1932	88	ハーバート、死去。寝こんだところをラッチェンス訪問	ヒットラー選挙にやぶれるも首相に
1933	89	誕生日のすぐあとに死去	

西暦	年齢	ジーキルをとりまくできごと	世の中のうごき
1893	49	ウォッツ夫妻、マンステッド訪問。ラッチェンス、マンステッド・ウッドの設計にかかる。ザンバック、庭師頭に	ドレフュス事件
1894	50	マンステッド・ウッドに「小屋」建築	日清戦争
1895	51	母、死去。ハーバートとアグネス夫妻、マンステッド・ハウスに。ウォルター、ジャマイカ移住	ナショナルトラスト設立。ワイルド裁判。フロイト初著作
1896	52	マンステッド・ウッド工事はじまる。諸雑誌に記事	モリス死去
1897	53	RHSからヴィクトリア・メダル。マンステッド・ウッドへ引っ越し。苗を売りはじめる	
1898	54	『森と庭』執筆	
1899	55	『森と庭』出版。ラッチェンスと共同でディーナリー・ガーデン、オーチャーズなど手がける	ボーア戦争はじまる。モネ、ジベルニーの庭の絵を描きはじめる
1900	56	『家と庭』出版。絵入り記事『カントリーライフ』にのる。ハーバート、パリ万博のセクレタリーに	
1901	57	『ウォール・ガーデン、ウォーター・ガーデン』出版。ハーバート、鉄道局のアシスタントセクレタリーに	ヴィクトリア女王崩御。シベリア横断鉄道走る。レディーガーデナーカレッジ設立。12歳以下の児童労働禁止令
1902	58	ブリッド・レ・バンの痩身療法に出かける。ヘレン・アーリンガム、マンステッド・ウッドを描く	エドワード七世即位
1903	59	ワイト島へ。パーシー・アダムズと共同制作	セルビア皇太子暗殺事件
1904	60	ヘスタークーム庭園の仕事はじまる	日露戦争はじまる。アインシュタイン、相対性理論
1905	61	ミルミードの写真撮影	
1906	62	ラッチェンスとリンデスファーン城へ	女性参政権運動高まる
1907	63	マンステッド・ウッドの春の庭の写真を撮る。鼻を手術。『フラワーガーデン』執筆はじめ、『森と庭』ドイツ語訳	
1908	64	『子どもと庭』出版	キュー・ガーデンズのデヴィッド・ニコルソン死去
1909	65	インフルエンザにかかる。ロジャー・フライ、エレン・ウィルモット、マンステッドウッド訪問	フォードのモデルT安価な車
1910	66	大腸炎にかかる。ロジャー・フライが訪問	エドワード七世崩御。ジョージ五世即位。ロジャー・フライ、「マネとポスト印象派」展
1911	67	ロジャー・フライが訪問。ハーバート、エルサレム・セント・ヨハネ病院の総長に。ウォルター、ショペンハウアーについての本を出版	英国鉄道スト。チャーチル内務大臣

西暦	年齢	ジーキルをとりまくできごと	世の中のうごき
1873	29	ボディション、ブルメンタールらとつきあいロンドンへ何度もいく。レイトンへのテーブルクロスの刺繍はじめる。スイスのブルメンタール別荘へ。ボディション夫妻とアルジェへ。ハーバート、アシャンティ戦争へ	
1875	31	ウィリアム・ロビンソンを訪問	グラハム・ベル電話発明
1876	32	父、死亡。家族でブラムリー牧師館へ引っ越し。母、ハーバートとパリ、ヴェニスへ	
1877	33	スレイド校でスケッチ。カーナヴォン卿から委託受ける	ヴィクトリア女王インド皇帝に
1878	34	マンステッドへ引っ越し。マンステッド・ハウスの庭の設計と植樹。故ケイレイ氏の墓碑デザイン	ズールー戦争。アフガン戦争2度目。エジソン電球発明
1879	35	パリのシャレーへ	ジュリア・マーガレット・キャメロン死去
1880	36	ウィリアム・ロビンソンとレイノルズ・ホール、マンステッドを訪問。『ガーデン』誌にはじめてのる。アート・ニードル・ワーク王立学校のハンドブックに刺繍のデザインがのる	
1881	37	『ガーデン』誌に連載はじめる。植物ショウの審査員。ウィルソン氏のギスハーストコテージの庭のデザイン。シャレーへ。ルイーズ王女とも。ロックガーデンつくる。ハーバート、アグネスと結婚	アレクサンダー二世暗殺される
1882	38	マンステッド・ハウスの庭について記事がのる。ハーバートに息子フランシス生まれる	
1883	39	ラッパ水仙「ガートルード・ジーキル」。マンステッド・ハウスの向かいの土地の整地。RHSに植物出品。ロビンソンの『イギリスの花の庭』に写真とコラムを担当。カプリ島へいってロビンソンとキュー・ガーデンズへ採集植物を送る	最初の電車
1884	40	マンステッド・フラワー・グラスのデザイン。50人の庭師、西サリーからマンステッドへ。ブラントウッドのラスキンと文通。マンチェスターのロバート・オーケルの庭デザイン	フェビアン協会設立。スティームタービン発明
1885	41	写真をはじめる。RHSでプリムラでブロンズメダル獲得	
1886	42	RHSでプリムラで立てつづけに受賞	安全自転車
1887	43	ハーバートに娘バーバラ生まれる	ゴールデン・ジュビリー
1888	44	RHSで一等賞	アーツ・アンド・クラフツ展覧会協会設立
1889	45	科学・美術博物館、鉄皿と鼈甲の箱を買いあげ。エドウィン・ラッチェンスとはじめて出会う	シェヴルール死去
1890	46	ハーバート、RHSのフェローに選出される	マリアンヌ・ノース死去
1891	47	ドイツの眼科医をたずねる。ボディション、死去	
1892	48	エドウィン・ラッチェンスの「小屋」デザイン。マンステッド・ハウスにラッチェンス初訪問	モリス、アートワーカーズギルドの会長に

略年譜

西暦	年齢	ジーキルをとりまくできごと	世の中のうごき
1843	0	11月29日ロンドンに生まれる。姉キャロライン6歳、兄エドワード4歳とアーサー2歳	
1844	1	ワイト島へはじめて家族で旅行	
1846	2	弟ハーバート生まれる	
1847	3	父アマチュア音楽ソサエティ設立	
1848	4	サリー州のブラムリーへ引っ越し	ラファエル前派設立
1849	5	弟ウォルター生まれる	
1851	7	動物園、大英博物館、万博訪問	ロンドン万国博覧会
1852	8	ウェリントン卿の葬列見る。ファラデーの講義に出る	
1854	10	アーサー、13歳で海軍に	クリミア戦争はじまる
1855	12	母、姉などとババリアのブリュッケナウ訪問	
1861	17	サウス・ケンジントン美術学校入学	アルバート公死去。モリス、マーシャル、フォークナー商会設立
1863	19	アーサー、溺死。ニュートン夫妻とトルコ、ギリシャなどに旅行	ゲティスバーグの戦い。ロンドン地下鉄開通
1864	20	自作のフクロウとランプで夜のクロケーパーティ。ウォルターハーロウ校へ	
1865	21	キャリー、イーデンと結婚。犬の絵「カーンポールの六四連隊生まれ」がロイヤルアカデミーで入賞。11月、ラスキンを訪問。父、遺産を相続する	
1866	22	国際フラワーショウへ。10月からパリに2か月滞在	
1867	23	ボディションと女性アーティスト・ソサエティに絵を出品。ウォッツに会う。ロイヤル・アカデミーでレンブラントなど模写	
1868	24	女性アーティスト・ソサエティに2枚の絵が受け入れ。マッケンジーとリヴィエラ、ジェノヴァ、ローマへ。ウォルグレイヴへの引っ越し。ナショナル・ギャラリーで模写。姉夫婦、2年ぶりに帰国	
1869	25	モリスを訪問。レイトンにレースをたのまれる	スエズ運河開通
1870	26	フィルモア・スプリングに植樹はじめる。姉夫婦、ヴェニスに居住。エドワード、ドイツで結婚	普仏戦争はじまる。既婚婦人の財産条項決まる
1871	27	フィルモア・スプリングにハリエニシダ植える	ウィリアム・ロビンソン『ガーデン』誌創刊
1872	28	ラスキンを訪問。ブラバゾンを訪問。リトル・ホランド・ハウスへウォッツを訪問。ハーバートとイタリアへ	スレイド美術学校女性に門戸開放

ジーキルが改良した草花

品種名		改良年
Antirrhinum 'Pale Pink'	キンギョソウ「ペール・ピンク」	1911
Aquilegia vulgaris 'Munstead White'	セイヨウオダマキ「マンステッドホワイト」	1884
Aster 'Munstead Purple'	エゾギク「マンステッドパープル」	1911
Aster 'Peperharrow'	エゾギク「ペーパーハロウ」	1882
Campanula persicifolia 'Chauderon'	モモバキキョウ「シャウデロン」	1883
Campanula. latifolia macrantha 'Alba'	シロバナカンパニュラ「アルバ」	1933
Cardamine pratensis fl. Pl. 'Miss Jekyll'	ハナタネツケバナ「ミス・ジーキル」	1896
Cheiranthus mutabilis 'Munstead'	ニオイアラセイトウ「マンステッド」	1916
Chrysanthemum maximum 'Munstead'	シャスターデイジー「マンステッド」	1898
Digitalis 'Munstead White'	ジギタリス「マンステッドホワイト」	1887
Helianthus 'Munstead Primrose'	ヒマワリ「マンステッドプリムローズ」	1898
Helleborus orientalis 'Gertrude Jekyll'	クリスマスローズ「ガートルード・ジーキル」	1884
Lavandula spica 'Munstead'	スパイクラベンダー「マンステッド」	1916
Lunaria annua 'Munstead Purple'	ルナリア「マンステッドパープル」	1908
Lupinus polyphyllus 'Munstead Beauty', 'Munstead Blue'	ルピナス「マンステッドビューティ」「マンステッドブルー」	1924
Narcissus 'Gertrude Jekyll'	スイセン「ガートルード・ジーキル」	1882
Nigella damascena 'Miss Jekyll Blue', 'Miss Jekyll Dark Blue' and 'Miss Jekyll White'	ニゲラ「ミス・ジーキル・ブルー」「ミス・ジーキル・ダークブルー」「ミス・ジーキル・ホワイト」	1900
Paeonia decora 'Gertrude Jekyll'	シャクヤク「ガートルード・ジーキル」	1898
Papaver nudicaule 'Munstead Poppies', and 'Munstead White'	ヒナゲシ「マンステッド・ポピー」「マンステッド・ホワイト」	1883
Papaver somniferum 'Munstead Cream Pink'	ボタンゲシ「マンステッド・クリームピンク」	1917
Primula cortusoides Jekyllae	プリムラ・コンソロイデス・ジキラエ	1885
Primula 'Munstead Bunch'	プリムラ「マンステッド・バンチ」	1886
Primula 'Munstead Early White'	プリムラ「マンステッド・アーリーホワイト」	1890
Primula 'Sultan'	プリムラ「サルタン」	1901
Pulmonaria angustifolia azurae 'Munstead Blue'	ボラージ「マンステッド・ブルー」	1919
Rose 'Gertrude Jekyll'	バラ「ガートルード・ジーキル」	1986
Sedum telephium 'Munstead Red'	ベンケイソウ「マンステッド・レッド」	1916
Vinca minor 'Gertrude Jekyll'	ツルニチニチソウ「ガートルード・ジーキル」	1885
Viola 'Jackanapes'	ビオラ「ジャカネイプス」	1888

索引

・索引の用語は、人名、地名、庭園用語、その他重要な事項を中心に選定した。
・別名等は／でつなげて表記した。
・補足・省略等は（ ）で付記した。
・くわしい記述のあるページのみとりあげた。

川端有子（かわばた・ありこ）
京都市生まれ。関西学院大学大学院博士課程後期満期退学。英国ローハンプトン大学にてPhD取得。日本女子大学家政学部児童学科教授。専門は英語圏の児童文学、イギリス文化。著書に『写真家ジュリア・マーガレット・キャメロン』『児童文学の教科書』（以上、玉川大学出版部）、『少女小説から世界が見える』（河出書房新社）、共著に『子どもの本と〈食〉』『映画になった児童文学』（以上、玉川大学出版部）、『「時」から読み解く世界児童文学事典』（原書房）など。共訳書に『絵本の力学』『絵本の絵を読む』（以上、玉川大学出版部）など。

装丁：中浜小織（annes studio）　協力：三嶽 一（Felix）
編集・制作：株式会社本作り空Sola　http://sola.mon.macserver.jp

ヴィクトリア朝《ちょう》の女性《じょせい》キャリア
庭園家《ていえんか》 ガートルード・ジーキル

2020年7月1日　初版第1刷発行

著　者――――川端有子
発行者――――小原芳明
発行所――――玉川大学出版部
〒194-8610　東京都町田市玉川学園6-1-1
TEL 042-739-8935　FAX 042-739-8940
http://www.tamagawa.jp/up/
振替：00180-7-26665
印刷・製本――港北出版印刷株式会社

ISBN978-4-472-40569-3　C0023 / NDC629